90日プログラムで

誰でもかんたん！みるみる貯まる

貯金一年生

[家計再生コンサルタント]
監修 横山光昭

日本文芸社

はじめに

貯めたい、貯めなければいけないと誰もが感じていながら、なかなか実現の難しい貯金。そもそも最初の一歩をどう踏み出してよいかわからない人、何度かチャレンジしているけどいつのまにか失敗してしまっている人、少しずつは貯められているけれどもっと効率をあげたいと感じている人、さまざまな段階でさまざまな悩みがあることでしょう。

一見それぞれ別の悩みに思えますが、どの悩みにも共通していえることは、しくみができていないということ。貯金にしくみなんかあるのかと思うかもしれません。作戦、戦略、ロードマップ、どんな風に呼んでも構いませんが、貯金成功に効果的な取り組み方というものは確実にあります。

たとえば、とにかく節約して残ったお金を貯めればいいんでしょとばかりに、場当たり的に必要な支出までカットしようとしてみたり、かと思えばカットできる部分に気がつかずに支払い続けていたりといったパターンは多いものです。自分流の家計管理が非効率を生み、貯金の成功や継続を阻むガンとなって

しまっているわけです。

本書では、大勢のお金の問題児たちを貯金成功へ導いてきた貯金力アップ90日プログラムを中心に、家計を改善して貯金に成功する秘訣を解説。

1時間目ではなぜ貯金が大切なのか、どのくらいの金額が貯金できればよいのか、家計の各費目はどのくらいの金額が適正なのかを解説します。2時間目では現実と向き合うために用意した6つのステップで貯金生活に突入する前の準備。そして3時間目ではいよいよ貯金力アップ90日プログラムの実践方法を解説していきます。さらに4時間目では今日からできる支出カットということで、固定費と変動費の具体的な減らし方などのテクニックを紹介します。

初めて意識的に貯金を始める人はもちろん、これまで何度も貯金に失敗している人だって、みんな貯金一年生。第一歩を踏み出すのに遅すぎることなどありません。しくみや方法さえ間違えなければ必ず成功できます。貯金力アップ90日プログラムというしくみを使って、幸せに生きるための貯金生活を始めましょう。

貯金一年生

CONTENTS

4時間目 貯金一年生の出ていくお金の減らし方

1時間目

貯金一年生のための100％貯まるゴールデンルール

Rule.1

お金を知ることは自分を知ること

お財布の使い方でわかるあなたの貯金力

　これからがっちり貯めようと思っている貯金一年生のあなた。お手持ちのお財布はどんな感じですか。レシートやポイントカードなどがいっぱいのおデブ財布でしょうか？　それともよく整理されたスッキリ財布ですか？

　おデブ財布の人は、残念ながら貯金力は低め。お財布の中がごちゃごちゃで、お金の使い方も無計画になりがち。一方、スッキリ財布の人は、手持ちの金額がわかりやすく、予算を考えながらお金を上手に使える人。お金の使い方のリズムが整っているので、家計簿なしでも家計管理ができているタイプです。

　お財布に限らず、お金にかかわるさまざまな場面での考え方や行動を振り返ると、お金を貯める力「貯金力」があるかどうかがうかがえます。

　またそこには、その人の生き方や考え方もハッキリと表れます。あなたが何を好きで、夢は何か、そしてなぜお金が貯まらないかなどもわかります。お金の使い方は、あなた自身を映す鏡のようなものなのです。

　自分自身をあらためて見つめるために、左のページの「貯金力チェックリスト」をやってみてください。チェックが少ないほど貯金力が高く、多い人はがんばりが必要になります。でも大丈夫。この本でご紹介する「貯金力アップ90日プログラム」を実行すれば貯金力は必ずアップします。とくに「節約なんて初めて」という初心者さんこそ、みるみる新しい知識を吸収して効果をあげる可能性大です。がんばりましょう！

貯金力チェックリスト

- 特売品を買いに行くが、ほかのものも買っている □
- 冷蔵庫内がごちゃごちゃで、食材をダメにしてしまう □
- 水道代が高いが、使い方を気にしたことはない □
- ケチと節約の違いがわからない □
- レシートはもらわない。もらっても中身は見ない □
- 今、お財布にいくら入っているかわからない □
- 新しいものが好き。できるだけ手に入れたい □
- 飲み会に誘われたら少しムリをしてでも参加する □
- 時間を守ろうと思っているがよく遅れる □
- 「何とかなる」と思うことが多い □
- 100円ショップで大量買いしてしまう □
- クレジットカードが使えるところではカードで払う □

✓チェックの数が…

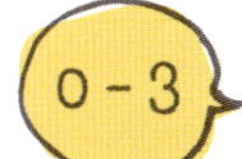

黒字体質！ムリなく貯金できる人。

今の状態でも赤字に傾くようなら節約方法が間違っている可能性も。家計診断を受けてみると最適な投資、貯金法が見つかるかもしれません。

工夫次第で貯金家計に仲間入り。

家計簿をつけて、改善点を見つけて努力してみましょう。手抜きしないようにし、しっかりと目的や目標額を定めれば最短で貯金家計になるでしょう。

何とかなるという姿勢はNG。

余裕があるとつい使ってしまい、何に使ったかわからないお金が多いのでは？　お金のトラブルに発展する前に使い道を見直すようにしましょう。

Rule.2

目的を持ってワクワク貯めよう

貯金は未来の自分へのプレゼント

貯金をしようと思うと、「しばらく服は買えないな」、「外食はやめなくちゃ」と、節約することにネガティブな気持ちになってしまいがち。でも節約は本当につらいものでしょうか？

ちなみにあなたは今何か夢や目標はありますか？

目標があると貯金はがぜん意味を持ってきます。たとえば急にまとまった休暇がとれるチャンスが舞い込んできたとき、貯金があれば旅行に行けるけれど、なければ行けません。

お金のゆとり＝貯金は、将来のあなた自身へのプレゼントなのです。「10万円貯めて、家電を買おう」、「300万円あれば、家を買う頭金にできる」など、貯金があれば、期待や夢がふくらみます。また目的があればこそ、ワクワクした気持ちで節約にも取り組めます。

「貯められない」と感じている人は、こうした目的がハッキリしないため、何となくお金を使っている傾向が見られます。「何となく不安だから貯める」という気持ちではなく、まずは小さなことでいいので目標を決めてみましょう。

そうすると目標達成のためには何が大切で、何がいらないかがわかるようになり、自然とムダが減っていきます。ムダが減るとお金がどんどん貯まるので、節約にもやりがいが感じられるように、とワクワクの好循環が始まります。

ワクワク貯金するためのコツBest3

1　ワクワク！取り組める具体的な目標を決める

「お金はあったほうがいいから」、「何かあったときのために」という目標ではなく、90日間で10万円貯めるなどハッキリした目標額を決めましょう。「新しいデジカメを買うため」、「家族で沖縄に遊びに行く」など希望も決めて書いておくと、モチベーションがアップし、より実現しやすくなります。

2　ワクワク！達成できる目標を立てる

これまで家計が厳しかった人は、まずは月1万円など、達成可能なムリのない額を設定しましょう。一念発起した勢いで、「月5万円で、90日で15万円!」などとがんばってしまうと、達成できずに途中で投げ出してしまうことに。まずは小さな成功体験を積み重ね、「できる!」という自信をつけていきましょう。

3　優先順位をつけ、ワクワク！にお金をかける

貯金は、あなたの未来へのプレゼントとしてとらえ、夢や目的を達成するために、何に優先してお金を使うかを考えます。一方、優先順位の低いものは「いらないもの」と決め、その分を貯金にまわします。また生活を見直して、習慣的に使っていたお金や、つき合いの飲み会などをシェイプアップしていきましょう。

Rule.3

使うお金を減らすのが貯金力アップの最短ルート

収入を増やして貯める？出費を抑える？

ある程度決まった収入の中から貯金していくにはどうすればよいでしょうか。

①アルバイトをして収入を増やす
②やりくりして出費＝使うお金を抑える
③収入を増やして、出費を減らす

理想をいうなら③ですが、時間や体力、労力などを考えると難しそうです。実際は、それぞれの性格や生活環境にもよりますが、ムリなく着実に貯めるには、②の出費を抑える方法が最短ルートです。これは500年以上前のルネッサンス時代からもいわれているゴールデンルール。「無意識に使っている生活支出を減らすこと＝収入」という考えです。

もちろん今まで自由に使ってきたお金を極力使わないようにするので、貯金一年生にとっては、初めはストレスを感じるかもしれません。でもやってみると確実に成果があがります。

しかもあなたの好きなことは大切にして、夢を追いかけながら貯めていける。これほどワクワクすることはありませんね。

夢をかなえるための あきらめる力

「でも収入は決まっているし、今の生活でパツパツなのに、何を節約すればいいの？」と思いますよね。

そのポイントは取捨選択にあります。あなたの好きなこと、望みや夢に近いものに関しては節約せず、遠いものはあきらめる。「あきらめる」ということは「いらない」と決めることです。

たとえば会社の同僚や親しいママ友の家庭などと比べて、「これが普通」といったレベルで、すべてにお金をかけてしまうと貯金はできません。一般的な「普通」から頭を切り離し、あなた自身の夢や価値観を優先し、予算が足りなければ優先順位の低いものを切り落としていくのです。

お金の使い方をシェイプアップすると日常生活もシェイプアップされてきます。目標が定まっているのでムダにお金を使うことがなくなり、お金が自然に貯まっていきます。これがまさに節約＝収入のゴールデンルールなのです。

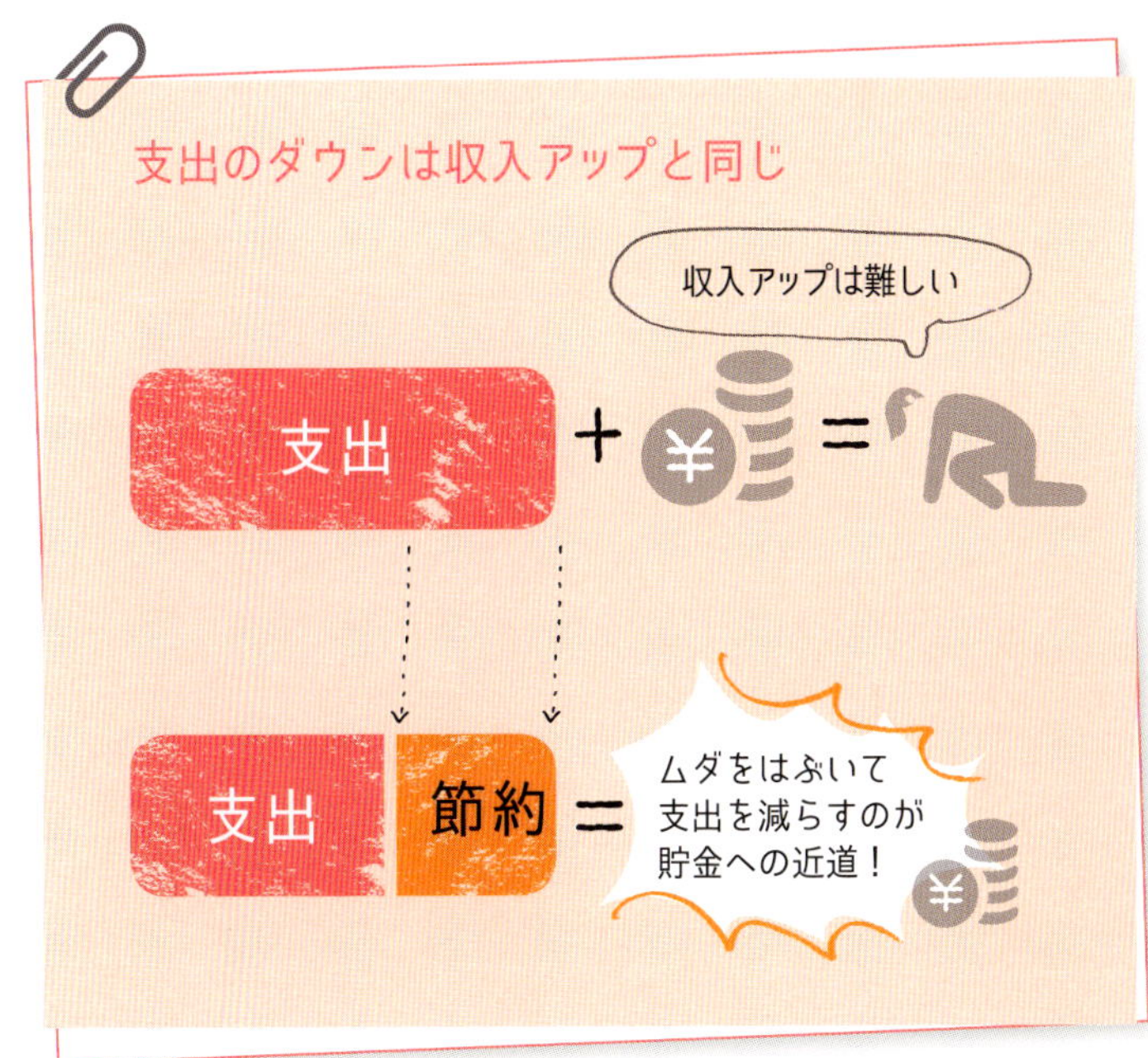

Rule.4

まずは突然の出来事に揺るがないだけの貯えを

人ごとではないリストラや倒産

「月末はいつも金欠状態」、「借金の返済で首がまわらない」など、お金の苦労は人それぞれですが、「ムダづかい型」と「ハプニング型」が考えられます。

ムダづかい型は、金銭感覚が大ざっぱだったり、家庭や仕事のストレスなどからショッピングや飲み代などに散財してしまうケースです。でもこのタイプは、目標を定めると、比較的早く貯金できるようになります。

もう少し深刻なのはハプニング型。リストラや倒産、病気など予期せぬ出来事に見舞われて収入が途切れた場合です。シングルならまだしも、守らなければいけない家族がいると、普段は手を出さない消費者金融から生活費を借りてしまい、返済地獄に落ちてしまうケースもあります。

こうした場合もある程度貯金があればアタフタせず、将来を考え、就職など次のステップに進むことができます。このように貯金＝経済的な体力があるかないかで人生は大きく変わりうるのです。

貯金はいくらあれば安心できる？

突然の出来事に揺るがず対処できる貯金額は月収の1年分です。少なくとも月収半年分はほしいところ。手取り20万円なら月3万円の貯金をすれば、3年4か月で120万。これだけの貯金があると、人は変わります。ゆとりが出て、自分の金銭感覚に自信が持てるようになります。

貯金を続けるには、自分に向き合い、夢や目標を考えたり、お金の使い方を見直したりすることが必要です。初めは大変かもしれませんが、それはお金に限らず、自分の人生を歩むための知恵や考え方を身につけることにほかなりません。迷わずに始めましょう。

幸いハプニングには見舞われなくても、結婚すると新居を構えたり、子どもの教育費がかかったりなど、まとまったお金が必要になることはよくあること。そんなときにも貯えがあるとないとでは経済的にも精神的にも大きな差が出てきます。

どの年齢でどんなお金が必要になるか、自分と家族のライフプラン（下記参照）を立ててみましょう。将来の道筋が見えると貯金の目標額も決まってモチベーションがぐっとアップします。

将来を見渡すライフプランを作ろう

限られた人生の中で、楽しみを存分に味わうためにも、ぜひライフプランを立てましょう。夢や目標の達成にも役に立ちますので、P92のライフプラン表に書き込んでみてください。突然降りかかる事故や病気などは予測できませんが、ライフプランがあれば、子どもの進学や就職、結婚、夫や妻の退職期など、人生の大きなイベントが、「自分が○歳のころか」と見当がつきます。「○年後に大学受験だからこのくらいのお金が必要になる」とか「成人式が○年後だから、衣装代を捻出しないと」などとお金に関しての計画が立てやすくなります。また住宅や車のローンがあるならそれがいつ払い終わるか、一番家計が厳しいのがいつか、楽になるのがいつか、といったことも見渡せます。経済的に厳しく、苦しいときも、先が見渡せるライフプランは、あなたを励ましてくれるツールになるはずです。

Rule.5

消・浪・投　3つの枠でお金の使い道を考える

「いくら使ったか」より「何に」に注目

貯金のために、お金の使い方を見直すことが大切です。でもそのために家計簿をつけるとなると「もうダメ～」と放り出したくなってしまいますよね。

でも心配しないで大丈夫。貯金一年生にはもっと楽チンな方法があります。しかもこれを実践すると、自分が何にお金を使っているか、価値ある使い方をしているか、何を切り捨てればいいかがスッキリわかるのです。

その方法はとってもシンプル。使ったお金を3つのカテゴリに分ける「消・浪・投（ショーロートー）方式」です。「消・浪・投」とは、「消費」、「浪費」、「投資」のこと。この3つのどれに当たるかを考えて分けていきます（詳しい分類↓P18）。

使ったお金はレシートや領収書をもらい、もらえなかった場合は何をいくらで買ったかメモするなどしてとっておきます。消費、浪費、投資の3つの袋や箱を用意して分けてもOK。

このレシートを1週間に1回（または1か月1回）3つの使い方ごとに集計してノートに書き出します。これをまずは1か月分やってみましょう。

ムダな浪費はワクワク投資に変える

1か月分の「消・浪・投」の各合計を、使ったお金の合計（支出）で割ってパーセントを出します（下の図解参照）。

下の例では現状が、消費78・5%、浪費12・0%、投資9・5%。貯金生活では消費は70%で、浪費を5%に抑え、投資25%を目標にしましょう。これはお金とのつき合い方が上手な人たちの実践値です。これを読んだあなたは、すでに消・浪・投方式が頭に入ったので、数か月で貯金力がアップするのを実感できるはずです。

「消・浪・投」の計算方法

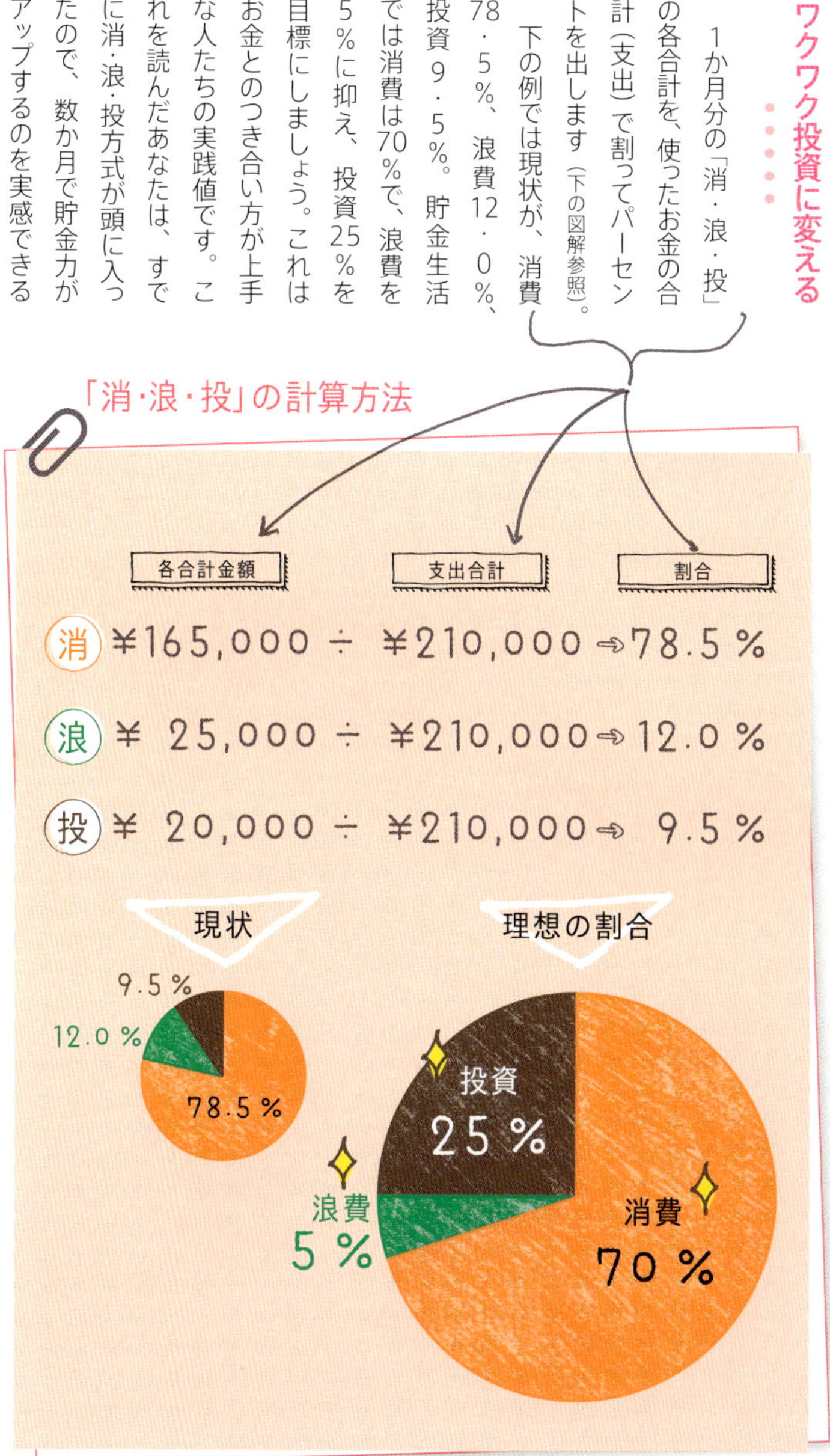

「消・浪・投」の分け方

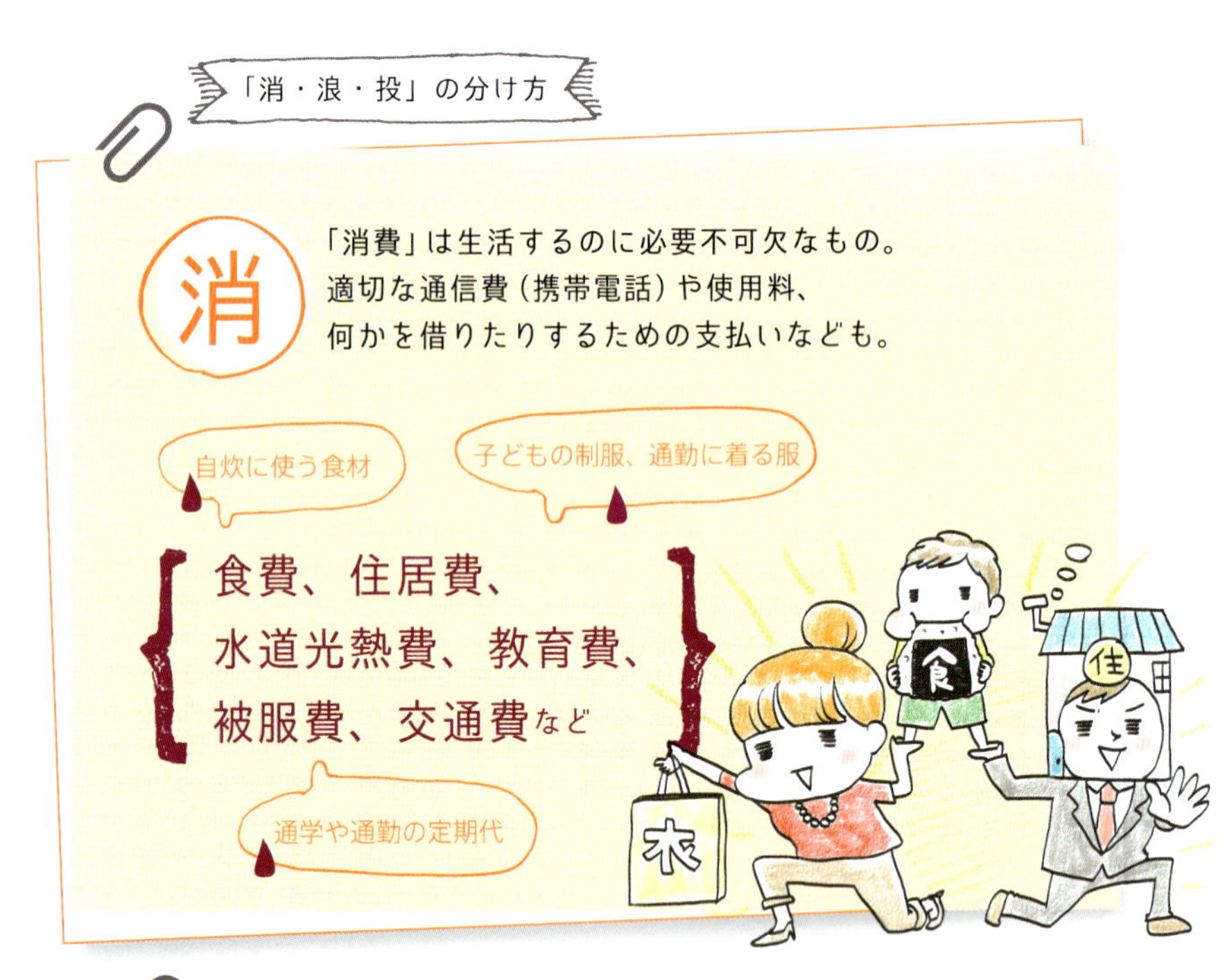

消

「消費」は生活するのに必要不可欠なもの。
適切な通信費（携帯電話）や使用料、
何かを借りたりするための支払いなども。

自炊に使う食材

子どもの制服、通勤に着る服

食費、住居費、水道光熱費、教育費、被服費、交通費など

通学や通勤の定期代

浪

「浪費」は生活に必ずしも必要ないもの。
無意識で何となく使う、いわゆるムダづかい。
生産性のない使い方をしたお金。

ノリで参加した合コンの飲み会

記念日以外のぜいたくな外食

嗜好品（しこうひん）、程度を越えた買い物、ギャンブル、固定化された金利など

コンビニで買ったコーヒーや菓子

「消・浪・投」方式Q&A

Q ブランドのバッグを購入。これは投資？ 浪費？

A 仕事、通勤に使うもので長く愛用でき、やる気をアップさせてくれるなら投資です。逆にブランド名やミエで買った、タンスの肥やしになった、となると浪費になります。「消・浪・投」の判断に基準はありますが、正解は人それぞれ。「自分のためによかった」と思うものを投資と分類しましょう。

Q 子どもの塾代は投資？

A 将来子どもが立派になって助けてくれるというなら「投資」。塾に通わないと学校の授業についていけないなら「消費」。でも子ども自身にやる気がない場合は、必要だと思いたいけど実はムダになっている「隠れ浪費」。この場合はやめたほうがいいかもしれません。

Q どれに分類するか毎回、悩みます。

A それはお金に真剣に向き合い始めた証拠。貯金体質になる大事なプロセスです。貯金一年生のあなたは今、トレーニングを始めたばかりなので、すぐに分類できないのは当たり前。3か月もすればスイスイ判断できるようになりますよ。

Rule.6

ズバリ！家計の目安、教えます

わが家は何にいくら使っていい？

「消・浪・投」の振り分けを1か月分やってみて、自分（家庭）のお金の使い道の傾向（割合）と理想がつかめたら、ここではもう一歩踏み込んで、費目ごとに詳しく見ていきましょう。貯金をするには、使うお金（支出）を抑えるのが基本でしたね。消・浪・投でいえば、浪費を削り、次に消費の部分を縮小していくことがポイント。でも消費も度を超えると浪費になるので、しっかり見ていきます。

そこで消費と浪費の境目がどのあたりなのかがわかる「理想の支出の割合」をご紹介します。これを頭に入れておくと、何をどれだけ節約すればよいのかわかりやすくなります。

詳しい割合は左ページの表をご覧ください。たとえば単身者（手取り20万円）の場合、食費は3万円、住居費は30％程度（6万円）、携帯代は4％（8000円）までが適正割合です。ぜひあなたの支出も計算してみてください。

いかがですか？　適正を飛び出している費目がありましたか？　あったらそこから締めていきましょう。家計は収入や家庭環境、価値観などによって異なりますが、この割合を目安にして貯金計画を詰めていくとうまくいきます。

家族構成別・家計の費目　適正割合表

単身者

手取り20万円だと

家計項目	理想の支出割合	
住居費	30.0%	¥ 60,000
食費	15.0%	¥ 30,000
水道光熱費	6.0%	¥ 12,000
通信費	4.0%	¥ 8,000
生命保険料	1.5%	¥ 3,000
自動車関連費	0%	¥ 0
生活日用品費	2.0%	¥ 4,000
医療費	1.5%	¥ 3,000
教育費	3.0%	¥ 6,000
交通費	3.5%	¥ 7,000
被服費	2.5%	¥ 5,000
交際費	4.0%	¥ 8,000
娯楽費	2.5%	¥ 5,000
こづかい	0%	¥ 0
嗜好品	3.0%	¥ 6,000
その他	4.5%	¥ 9,000
預貯金	17.0%	¥ 34,000
支出計	100%	¥200,000

「まだ早い」と思わず、家計を管理しよう

1人暮らしでは住居費や被服費、交際費などが大きくなりがち。結婚して子どもが生まれてから苦労しないよう、自炊や将来の収入につながる「自己投資」を始めましょう。

夫婦＋小学生２人

手取り28万円だと

家計項目	理想の支出割合	
住居費	26.0%	¥ 72,800
食費	13.0%	¥ 36,400
水道光熱費	5.0%	¥ 14,000
通信費	5.5%	¥ 15,400
生命保険料	5.5%	¥ 15,400
自動車関連費	2.5%	¥ 7,000
生活日用品費	2.5%	¥ 7,000
医療費	2.0%	¥ 5,600
教育費	3.5%	¥ 9,800
交通費	3.0%	¥ 8,400
被服費	2.5%	¥ 7,000
交際費	2.0%	¥ 5,600
娯楽費	3.0%	¥ 8,400
こづかい	9.0%	¥ 25,200
嗜好品	1.5%	¥ 4,200
その他	3.0%	¥ 8,400
預貯金	10.5%	¥ 29,400
支出計	100%	¥280,000

子育て期では、小学生期が貯めるチャンス

子どもが２人とも公立小学校に入ったら、ここできちんと貯めましょう（私立小学校に通う場合は例外で）。習い事を始めたり、住宅を購入する家庭が多くなるのもこのころです。

積極的投資でお金を育てる

長期的な投資でお金の目減りを防ぐ

消・浪・投の「投資」は、知識や人脈、健康のためなど「自分を育てる使い方」のことだと紹介してきました（↓P19）が、より積極的に「お金を育てる方法」として「株式投資」を考えてみましょう。

株式投資には株価の短期的な変動による利益を狙う「投機」もありますが、貯金生活では5年、10年といった長期にわたって保持し、お金の目減りを防ぐタイプがオススメです。大切なお金なので、詳しい人に聞いたり、書籍やセミナーで勉強したりしてからスタートしましょう。

増やす投資のポイント

①分散して投資する…1つの株に全額を注いでしまうと、暴落したとき大損する危険があるので、さまざまな国や会社、株式と債券などに分散して投資。

②コツコツ積み立てる…少額から始められる「積立投信」などは一度に払う額を選べて、続けやすい。

③長期的な視点を持つ…今後、世界の人口は増え続け、経済規模、市場も伸びていくので、お金も目減りせず増える傾向に。毎日動く市場の動向に一喜一憂する必要もなくストレスフリー。

④手数料を意識する…株式売買には手数料がかかるので各金融商品の特徴を考えて購入を。

2時間目

現実と向き合う6つのステップ

自分の価値観を確認する

貯金体質になるためのウォーミングアップ

ストレスなく貯金を続けるコツは目標を設定して、ワクワク節約することです。この2時間目ではスムーズに貯金生活を始めるための6つのステップをご用意しました。いわゆる貯金体質になるためのウォーミングアップ。まずはあなたの「幸せの基準」を確認していきましょう。

お金の使い方に優先順位をつけてみる

1時間目で、使ったお金を消・浪・投に分類したり（↓P18）、支出の適正割合を出してみて（↓P21）、自分のお金の使い方の傾向がわかりましたか？「食費が予想以上に多かった」、「被服費、通信費が莫大だ」など、いろいろハッキリしてきたでしょう。この後、消・浪・投の「浪費」や、適正割合から大幅にはみ出た「消費」を切り詰めていくのですが、まずはその中であなたが優先したいものが何か考えてください。

たとえば食費と服ならどちらを優先するか。服と携帯の高額プランならどちらを優先するか。携帯代とスポーツジムの料金なら？

このように比較検討を繰り返すと、自分にとって「これは外せない」というものが見えてきます。

一番大切にしたいもの自分軸を決めて生きる

すべてにお金をかけてしまったら貯金はできない。

でも全部削ってしまったら生活に張り合いがなくなってしまう。だから一番大事にしたいこと、幸せを感じることに、お金を使っていこうというわけです。

優先順位を決めることは、幸せの基準、自分の軸＝自分軸を決めること。自分軸はあなたらしさ、あなたの個性にほかなりません。お金を大事にすることは、自分自身を大事にすることなのです。

またよく考えてお金を使うと、ものを大切にする気持ちがわいてきたり、習い事や旅もより満足度の高いものになり、生活がどんどん豊かになっていきます。

ブレない自分軸がワクワク貯金生活のカギ

今あるお金の中で、毎日を彩り豊かに生きるには、自分が何をしているときが幸せで、心が満たされるのかといった幸せを感じる基準＝価値観を知ることが必要です。お金の使い方を見直して、優先順位をつけるときも、自分の軸（価値観）がブレなければ、節約もはかどり、スイスイ貯まっていきます。

節約&貯金スタイルを決める

小さな節約を重ねる？それとも大きく削減？

貯金は短期間で終わるものではないので、続けられる方法を考える必要があります。

節約というとまず頭に浮かぶのがコンセントを抜くとか、100円メニューを作るなどの地道な節約方法。でもコツコツは苦手という場合は大胆にザックリ切り込みます。この後、固定費の見直し（↓P34）でご紹介しますが、ぜいたくすぎる食費や、意味のない飲み会代、タバコやお酒など嗜好品が検討対象に。

どうやって貯金する？

またお金の貯め方も人それぞれ。きっちり1か月の予算を考え、節約した分を貯金用口座に貯めていってもいいし、まずはお財布にある小銭を貯金箱に入れ、ある程度貯まったら銀行に預けるのもアリ。「あるだけ使っちゃう」という人は自動引き落としも。

左ページのチャートも参考に、自分に合う貯め方を設定しましょう。

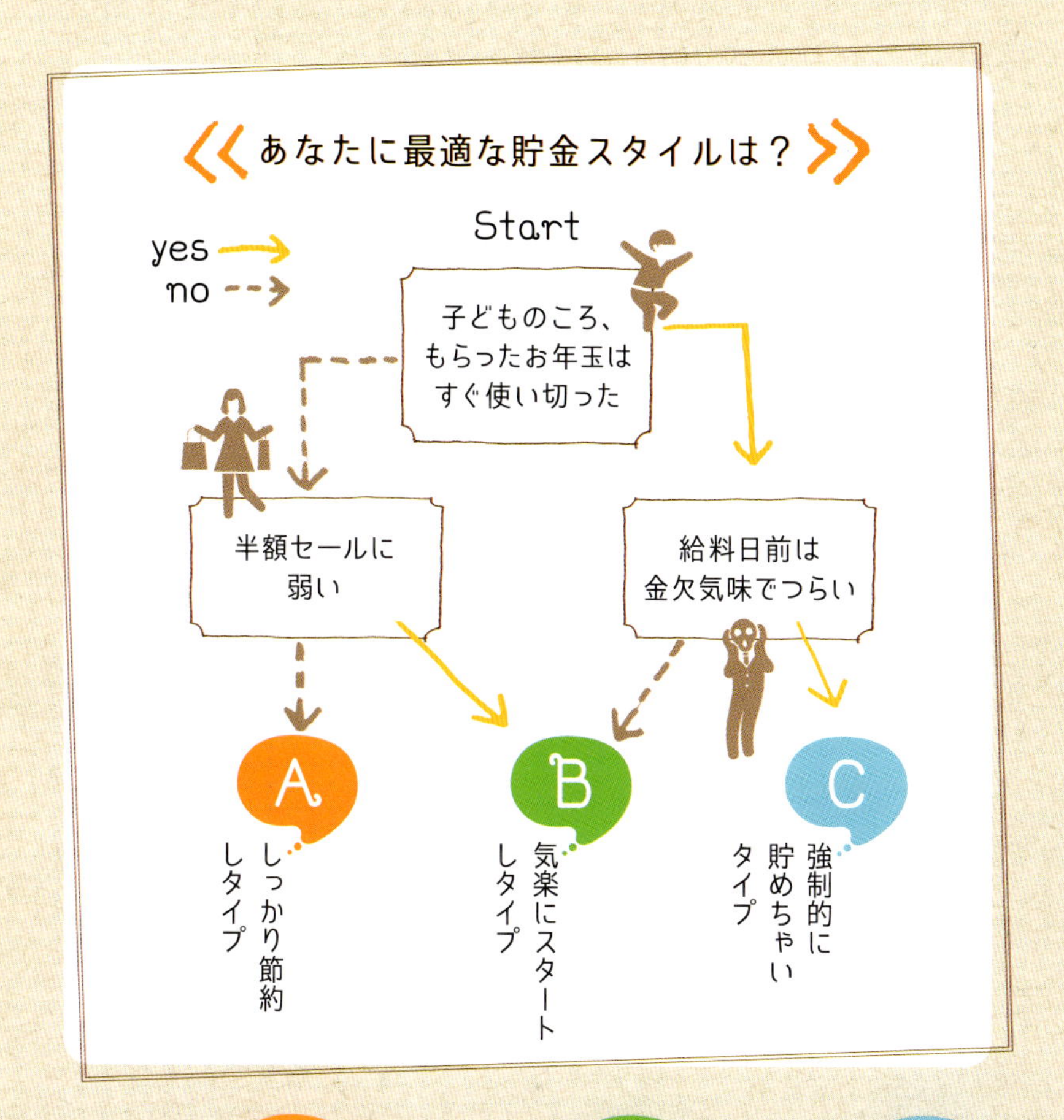

A

しっかり節約しタイプ

あなたは黒字体質。さっそく貯金専用の口座を用意しましょう。簡単な消・浪・投の家計簿もぜひ続けてみて。自分や家族の楽しみを実現するために賢く貯めていきましょう！

B

気楽にスタートしタイプ

黒字体質予備軍。計画的に貯めるのが苦手なら、お財布を重くする小銭を空きビンや缶に入れる小銭貯金から試してみて。結構貯まるので、まとまったら貯金専用口座に移しましょう。

C

強制的に貯めちゃいタイプ

宵越しの金は持たぬ江戸っ子タイプ。そのままでは貯まらないので、毎月決めた日に定期預金に振り替える銀行の自動積立を利用しましょう。これなら放っておいてもどんどん貯まります。

貯めたらどうする？ 目的、目標を定めるコツ

ほしい気持ちに勝つ ハッピーな目的を立てる

たいていの人は、お金があれば買いたい、食べたい、遊びたいと思うものです。でも現実には限られた収入で生活していかなければなりません。だから目標を立てて「ほしい気持ち」をキュッと締めていきましょう。

目的を設定する際のポイントは、そこに楽しみがあること。「夏休みに家族で海に行く」、「ペットを飼って子どもと散歩を楽しむ」など何でもOK。具体的にイメージしながら目的を決め、左の表のように一覧にしておきましょう。

目標は達成可能な金額を短めの期間で

次は目的を達成するための目標値を考えます。たとえば近県への家族旅行の相場が10万円なら10万円が目標金額です。

さらに目標達成までの期間はというと、ベストは3か月です。短めの期間を設定し、その間にノルマを達成すればいいというアバウトさで取り組めるからです。

「毎月絶対3万3000円ずつ貯める」というようにガチガチに決めないほうがベター。「最初の月はがんばって5万円貯めた。でも先月はちょっと遊んじゃって1万円しか残らなかったから、今月は引き締めて4万円貯める!」といったユルい感じがいいのです。

まずは達成できそうな目標を決めましょう。ガス抜きしながら成功体験を味わうことで、モチベーションがあがっていきます。

かなえたい夢・目的と目標リスト

目的	誰が	金額	期間	優先度
夏休みに家族旅行に行く	みんな	10万円	3か月以内	高
トイプードルを飼いたい	子ども	20万円	1年以内	低
デジカメがほしい	ママ	10万円	半年	中
マイホームを持ちたい	パパ ママ	頭金600万	3年以内	中
おじいちゃんおばあちゃんを食事にご招待	子ども	5万円	半年以内	中
★ご褒美デイ	みんな	1万円	3か月以内	

ラクラク達成できる目的・目標の立て方

目的・目標が決まるとお金のムダづかいが減っていくので、夫婦で、家族で相談してみんながポジティブに取り組めるプランを立てましょう。目的がいくつもある場合は、優先順位を決めておきます。ときにはちょっとぜいたくをする日「ご褒美デイ」を設けてリフレッシュするのもオススメ。

step.4

わが家の家計をキッチリ洗い出す

目標達成のために今ある財産をチェック

子どもの教育費や老後のためなど、将来への不安から、なるべく貯めたいと思うのはみんな同じです。でも具体的な額を決めずに貯めるのは、ゴールのない道を走り続けるようなもので、挫折しやすくなります。そうならないために、「このくらい貯金があればわが家は大丈夫」という額を知っておくことが大切です。

そこで現時点での財産の総ざらいをしましょう。現状がわかると、将来への見通しもつき、楽しみながら貯金できるプランが立てやすくなります。

さっそく左の表に現時点での預金や保険、不動産などプラスの資産を書き入れてみましょう。ローンなどマイナスの資産は残金を書き込み、合計を出してみます。

わが家の資産はどのくらい？

	種類		商品名	残高・金額
プラスの資産	金融資産	預貯金	普通預金（　　　　　銀行）	
			普通預金（　　　　　銀行）	
			定期預金	
			定期預金	
			財形貯蓄	
		証券・投信		
		保険	貯蓄型養老保険	
			個人年金保険	
			終身保険（解約返戻金）	
			小計 A	
	不動産など		土地	
			建物	
			車など	
			小計 B	
			合計 A+B	

	種類	商品名（借入先）	残高・金額
マイナスの資産	ローン	住宅ローン	
		車のローン	
		教育ローン	
	その他		
		合計	

＊保険料は満期受取金か、解約返戻金の額を、株や投資信託は現時点の評価額を書きます。
＊不動産や車は今売ったらいくらになるかの数字。土地価格はインターネットでも調べられますが、固定資産税評価額の 1.4 倍程度、建物は固定資産税評価額を目安に。

毎月使っているお金をしっかり調べる

今ある財産を確認したら今度は月々いくら使っているか、毎月の家計に占める支出をハッキリさせていきましょう。

左の表に1か月の費目ごとの合計金額を書いていきます。費目とは、食費や水道光熱費、交通費など使い道別に分けた項目です。1円単位まで計算しなくても、ザックリでOKです。

「え〜、家計簿つけたことない」という人も、まずは1か月分だけチャレンジしてみてください。

家計費から見えるお金の使い方のクセ

この表が埋まると、自分のお金の使い方のクセや家計の問題点が見えてきます。「あれ、携帯電話代がこんなに！」、「毎日買い物に行くから食費が高いのかな」という気づきが生まれます。それがこの作業のポイント。

家計の適正割合（→P21）とも照らし合わせ、収入に占める割合が最適か見てみるのもオススメです。「この辺が減らせそうだな〜」という費目があったら貯金生活を大きく前進させるチャンス！

外食費かけすぎ

育ちざかりの子どもがいる時期は、食費の適正割合はやや大きくなります。スポーツをやっているお子さんならなおさらですね。パパやママも手作り弁当を持参し、外食は極力抑えるなどの工夫が必要。しかも塾に通う子も出てくる時期なので教育費とのバランスを考えなければなりません。

携帯代かけすぎ

通信費がバーンと増えるのは、子どもが中学、高校生という時期。家族で4～5万円かかる家庭も少なくなさそう。子どもも部活や塾で忙しいので、家族でおでかけしなくなった分、レジャー費を減らして携帯代にまわすか、一部子どものおこづかいから負担させるなどで乗り切るという案もアリ。

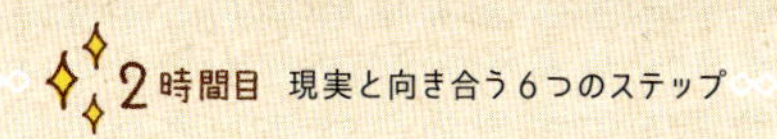

1か月の家計費を書いてみましょう

費目		金額
住居費		
食費		
日用品費		
水道光熱費	電気代	
	ガス代	
	水道代	
通信費	固定電話	
	携帯電話	
	プロバイダ	
医療費		
交通費		
被服費		
交際費		
娯楽費		
教育費		
こづかい	夫	
	妻	
保険料	生命保険	
	医療保険	
	火災保険	
自動車関連費		
その他		
預貯金		
	支出合計	

毎月必ず出ていくお金を徹底チェック

固定費を見直すと毎月ガッツリ貯まる

毎月使うお金には大きく2種類あります。毎月同じ額を支払う家賃や生命保険料などの「固定費」と、その月々で支払いの額が変わる食費や光熱費などの「流動費」です。

一般的に「節約」というと、食費や光熱費など流動費を減らすためにやりくりしますが、努力に見合うほど減らせないのが実状です。実は先に取り組むべきなのは固定費のカット。固定費は毎月決まった額なので、一度ザックリ削ぎ落としてしまえば、その分は間違いなく貯められます。

固定費の内容や質に納得している？

毎月放っておいても引き落とされるのが固定費。改めて見直すと「確かにこれはムダ」というものも少なからず出てきます。

便利なものやサービス、情報があふれる現代社会。使う側は、その便利さを味わう一方で、個人情報を提供したり、利用料、会員費を支払ったりしています。こうしたしくみは、利用者から月々安定した収益を得るために企業が考えたもの。ムダが出やすく作られているのです。ですから使う側は「ムダなお金は使わない」と決め、賢く取捨選択するのが貯金成功への早道です。

家計を悩ませるこんな固定費

適正割合を
大幅にはみ出した家賃
100,000円／月

休みがちな習い事
8,500円／月

子どもに
やる気がない塾代
30,000円／月

携帯のオプション
4人分
2,000円／月

水道流しっぱなし
8,000円／月

あまり乗らない
車の駐車場代
15,000円／月

オンデマンドの
ケーブルテレビ代
980円／月

携帯で話しっぱなし
2人分
16,000円／月

保険料払いっぱなし
60,000円／月

払いっぱなしを甘く見ない！

携帯電話、インターネットショップの会員費、習い事の契約など、一度決めたら、内容を見直すことなく、引き落としされるのを放置しがち。そこが落とし穴。たとえば携帯のあまり使わない機能のオプションは月々300～500円ついていることも。家族全員分なら4人分で月々2,000円、年間24,000円にのぼります。意気込んで始めたけど通わなくなったスポーツクラブ。ムダに6,000～8,000円払っていませんか？　ATM手数料もバカになりません。ムダな支払いはすぐやめましょう。

ムダな固定費ワースト5

⊗ 長電話やメールがふくらませる携帯電話代

携帯は、長電話や頻繁なメールのやりとり、動画の閲覧など、もはや連絡ツールではなくコミュニケーションやエンタメツールになっていそう。通信費というより娯楽費に近いかも。

⊗ 意味のない飲み会の交際費

子どもを幼稚園に送った後のママ友とのお茶代や、歓送迎会、送別会、慰労会、祝賀会、合コンなどさまざまな飲み会にしぶしぶつき合っていると貯金は増えません。

固定費カットで100万円貯金を実現

毎月決まって払う固定費を見直せば、毎日コツコツ節約生活をしなくても、かなりのお金が浮いてきます。中でもカット率が高くなる可能性があるのが上に載せたおつき合いのための携帯電話料金や、何となく参加する交際費など「ムダな固定費ワースト5」。こうした部分を削ぎ落としていくことで、月々4万円以上の貯金ができて、1年間で100万円貯まったという人もいます。貯金一年生にとっても固定費カットは貯金成功への早道なのです。

A子さんが実行した家計と生活の見直し

1年で100万円貯めたA子さんの例をご紹介します。まず長電話をしたり動画を見ていた携帯を、電話と最低限のメールやネット利用の契約にして約8000円の料金を半分に削減。動画閲覧やブログアップはパソコンで行うようにしました。さらに1か月6万円だった保険を家族構成に合った保障に切り替え1か月3万円に。ご主人のお昼をお弁当に切り替え約5000円節約。生活と家計を見直しただけで月4万円の貯金を可能にしたのです。

⊗ ぜいたくなまでの食費

子どもが喜ぶからとステーキやお寿司を食べたり、がんばった自分へのごほうびにとデザートを奮発したり、外食を重ねていると即予算オーバーに。

⊗ 保障内容もわからない高額な生命保険料

たとえばママ友に勧められて入った保険で月々5万円など適正割合を大幅に超えているケースも少なくありません。「万が一のために」と高額すぎる死亡保障をかけ、保険貧乏になっている人も。

⊗ 不健康のもととなるタバコ・お酒などの嗜好品

依存性の高い嗜好品のほか、甘いものなども家計と体に負担大。タバコ1箱 400 円× 365 日＝14 万 6,000 円。缶ビール 180 円×2本× 365 日＝13 万 1,400 円！

まだあるムダな固定費 あなたが削るのは？

ムダな固定費は上の5つのほかにもあります。月により額が変わるので流動的な出費もありますが、気をつけることで大きく節約できるのでご紹介します。

・有料サイトの会員費
・定期的に届くサプリメントやドリンク
・読まない新聞の代金
・キャッシングやリボ払いの利息
・余り乗らない車のローンやガソリン代
・自分の口座なのに引かれるATM手数料
・コンビニで何となく買う雑誌やマンガ、お菓子…

などです。

もちろん、その出費があなたにとっての投資ならガマンする必要はないかもしれません。ただし収入は決まっているので何を選び、何をあきらめるかは決めておきましょう。

「携帯は必要。友達とはつながっていたいし、便利さは私には欠かせない」という人もいるでしょう。それなら、食費や嗜好品などあなたにとって優先順位の低いものを削ればよいだけ。ポイントは、夢をかなえるための大切なお金を1円でもムダにしないという意志を持つことです。

隠れた借金を把握して向き合う

将来を担保にしたカード払いに要注意

店頭でもネットでも、最近はクレジットカードで支払うということがめずらしくありません。

カードは、手もとに現金がないときにも支払いができ、割引価格で買えて、ポイントも貯まるなど、賢く使えれば便利なもの。でも「金欠だから来月の支払いにまわすためにカードで」、「どうしてもほしいからリボ払いで」というノリで使っている場合は危険です。なぜならそれは将来の自分を担保にした借金だから。

金銭感覚がマヒする前に使い方を見直そう

収入を超えた支払いにカードを使うのは、カードを利用するのではなく、逆にカードに利用され、ムダな利息を払うことに。

中でもリボ払いは、利用限度額内で何度でも使え、月々の支払い額は抑えられますが、1回払いなら利息が要らないものにも利息が必要になります。しかも、最初に利用した分を返しきらないうちに次の買い物ができるので、その支払いが何の購入代金にあてられているのかわからなくなり、だんだん金銭感覚がマヒし、隠れ借金になってしまうのです。

使い方を間違えると　コワいクレジットカード

クレジットカードで払ったものは払い終わるまで借金です。必ず返済をしなければなりません。カードで購入したものの支払いは翌月か翌々月に引き落とされるため、タイムラグが発生。さらに分割払いやボーナス払い、リボ払いなど支払い方法も多様で管理が難しく、返済額が大きくなりがちです。すると返済するためにまたお金を借り…と借金が泥沼化してしまう恐れも。

その借金、いい借金？ それとも…？

多くの人がクレジットカードを使用する現代。でも使い過ぎていませんか。カードの返済で毎月大変だという人、あるいは収入の3分の1以上がカードの返済に飛んでいくという状況は、注意が必要です。では、あなたが予備軍かどうかを判断してみましょう。

まずはあなたの家計の1か月分の収入から支出（↓P33）をマイナスします（下図）。その差額分のうちどれだけカードなどの返済に回っているかで借金の良好度がわかります。

良好といえる目安はカード類の返済分が差額の30％以内。それが70％以上だとかなりマズい状況です。

下のAさんは差額3万円のうちカード返済が9000円（30％）以内ならセーフ。2万1000円（70％）以上なら要注意です。そもそも差額がなかった、マイナスになってしまった人も同様です。まずはさらなるカード借金をふくらませないためにカードの利用をやめ、現金だけで生活してみましょう。お金がなければ買い物ができない、という不便な状態はムダづかいからお金を守る特効薬になります。

《いい借金？わるい借金？》

	収入		支出		差額
Aさんの場合	¥210,000	－	¥180,000	＝	¥30,000

クレジットカードの返済額が
差額¥30,000の30%以内¥9,000までならOK
70%以上の¥21,000を越えるとNG!

※支出計算時の注意：返済額とは被服費や交際費といった一時的な固定ではない支出をいいます。生命保険料や水道光熱費などをクレジットカード払いにしている人も最近は多くなっていますが、それらは固定費ですので含めないで計算してみましょう。

Next step

90日プログラムを実行する

6ステップを踏まえていよいよ貯金生活開始

2時間目でご紹介した6つのステップを踏んできたあなたは、自分自身や家族が大切にしていること、そしてリアルな家計の実状が見えてきたはずです。やりたいこと（目的）と数字（家計）さえわかれば、後は実行あるのみ。「今まで何度チャレンジしても貯められなかった」、「買い物依存症で借金がかさんでしまった」。そういう人たちが貯金を成功させ人生の大逆転をなしとげてきました。次はあなたの番です。

貯められるしくみ作りで成功をゲット

「でも私は飽きっぽい」、「家計簿も続かない」と不安を感じる人もいるでしょう。そこでキモになるのが「貯められるしくみ作り」。苦労しなくても自動的に、結果に一喜一憂せず淡々と、そして気づいたら貯まっていたとしたらうれしいですよね。それを可能にするのが「貯金力アップ90日プログラム」。

目標を決めて3か月ルールでチャレンジする貯金生活です。これを行うと、自然にお金を意識しながら生活できるようになり、必ず成果が表れます。

Step up column

貯金生活ステップアップ・コラム

年金保険料、払っておいたほうがいい？

受給年齢や年額は変わるも年金はもらえるはず

「年金には加入しているけれど将来本当にもらえるかわからないからやめたい」と思う人もいるでしょう。年金額は年々あがっていますし、受給の年齢が65歳に引きあげられたことも年金制度への不安を大きくしているようです。

しかし将来年金がもらえなくなることはないと考えられるので、継続することをオススメします。なお年金保険は、老後にもらえる「老齢年金」以外にも、年金に加入している間に病気やケガで障害を負ってしまった場合受給できる「障害年金」や、加入者や受給者が亡くなった場合に遺族がもらえる「遺族年金」など、保険としての機能もあるので、いざというとき役に立ちます。

年金保険料を払えないときは免除制度を利用して

「老齢年金」は、現制度では、最低25年間の払い込み期間がないと受給できません。近年の値あがりに伴い、保険料を「未納」にしている人はいませんか？　未納のままでは、加入期間に数えてもらえないので、「国民年金保険料の免除制度」を利用し、全額免除あるいは一部免除をするようにしましょう。そうすることで免除期間でも年金加入期間に数えてもらうことができます。

3時間目

みるみる貯まる！貯金力アップ90日プログラム

考え方と進め方

一生ものの貯金力が身につく考え方

好きなこと、楽しいことの実現を目指してムダをなくす貯金生活、いよいよ始めましょう。あなたに実践してもらうのは、ワクワク楽しみながら一生ものの貯金力を身につける「貯金力アップ90日プログラム」です。1〜2時間目でお伝えした貯めるノウハウを最大限に効率よく身につけられる効果実証済みの最強プログラムです。

プログラムのキモは2つ。1つめは、実行する期間を決めること。まずは「90日＝3か月」をオススメします。その理由は①変化を実感しやすく、②貯められなかったころの自分との比較がしやすいためです。

1クール終了したら結果を振り返って目標を修正し、またチャレンジします。この繰り返しで効果があがっていくのです。

2つめは目的、夢、やりたいことをハッキリ意識すること。「リゾートに行って家族でのんびりしたい」と漠然と思うだけではなかなか実現できません。逆に「30万円貯めて冬休みにハワイに行く！」と決めると必ず行けるのです。

貯金生活には気持ちが大きく影響します。願いをかなえたいと強く思う気持ちこそが、節約を続ける大きなモチベーションになるからです。だからこそ目的を具体的に決め、楽しみにワクワクしながら取り組めば成功するのです。

貯金力アップ90日プログラムの流れ

始める前に準備する

・目標を決める
・夢ノート、家計簿を用意する
・貯金用口座、貯金箱を用意するなど
（詳細は→P48～55）

↓

貯金力アップ90日プログラム実践

・家計簿をつける
・3行日記をつけるなど（詳細は→P56～65）

【スケジュール】

スタート……次の給料日	月	日	
1回目の締め日……	月	日	（30日経過）
2回目の締め日……	月	日	（60日経過）
ゴール……	月	日	（90日経過）

↓

終わった後の振り返り

・夢ノートと家計簿から自分を知る
・結果に合わせて調整するなど
（詳細は→P66～73）

90日プログラムの基本的な進め方

プログラム実践期間は約3か月ですが、実行の前と後にやってもらいたいことがあるので、3つのステージがあると考えてください。

①始める前
②プログラム実践期間
③終わった後

上の「プログラムの流れ」にもあるように、①はプログラム開始前に目的や目標を決めたり、家計簿を用意したりする準備期間。②がプログラムの実践期間。③は実践したことを振り返って反省し、次の挑戦につなげるステップになります。

このリストは90日間（3か月）のうちにやってほしいことの一覧です。**「90日間マストメニュー」**はプログラムを効果的に行うための基本メニュー。**「あなたのメニュー」**は自分でこなしてみようと思うこと、予定などを書き込みましょう。

あなたのメニュー（例）	ワンポイント
目標を決める 保険を見直す 固定費を見直す	最初の月はがんばりすぎてしまいがちなので1つか2つメニューを達成できたらよしとしましょう。
支出のムダを探す 携帯電話プランを見直す リビングの模様替え	中だるみしやすいので楽しい作業を組み込みましょう。遊びの日が2日あるのもそのため。好きなことをして意欲をキープ！
借金について学ぶ 子どもと料理をする 貯金箱を銀行に持って行く	貯金生活のリズムが身につき始めるころ。お金の使い方が変化したのを実感できるはず。貯金額も増えて、目標達成間近。小銭貯金箱がどのくらい貯まっているかも楽しみ。

貯金力アップ90日プログラム {やることリスト}

90日間マストメニュー

hop

期間	No.	やること	時期	
1か月目（ホップ）	1	この期間に貯める金額・やりたいことを決める	上旬	
	2	家計簿をつけ始める		
	3	小銭貯金スタート		
	4	クレジットカードは使わない		
	5	本を読む	中旬	
	6	夢ノート、3行日記をつける		
	7	遊ぶ（月1回）		
	8	メンター（相談できる人）を探す	下旬	
	9	ほしいものをあえて買わない		
	10	1か月目の振り返り		

step

期間	No.	やること	時期	
2か月目（ステップ）	1	1か月目の反省を反映させてスタート	上旬	
	2	やることリストをつくる		
	3	遊ぶ（月2回）		
	4	仲間や協力者を探す	中旬	
	5	お金の増やし方を学ぶ		
	6	家のそうじをする、不要なものを見つける		
	7	お金のムダづかいを確認	下旬	
	8	銀行で話を聞く		
	9	2か月目の振り返り		

jump

期間	No.	やること	時期	
3か月目（ジャンプ）	1	2か月目の反省を反映させてスタート	上旬	
	2	お金の使い方をほかの人と比較		
	3	不要なものを譲る、売る、捨てる		
	4	遊ぶ（月3回）	中旬	
	5	得意なことで誰かを喜ばせる		
	6	ほしいものを買う		
	7	やりたかったことを実行する	下旬	
	8	貯めたお金、小銭貯金のお金を銀行に預ける		
	9	3か月目の振り返り		

90 days program

2

¥¥¥¥¥¥¥¥¥¥¥¥¥¥¥¥¥¥¥¥

始める前にやっておくこと

しっかり準備して よいスタートを切る

いよいよ貯金力アップに向けてスタートラインに立ちます。次の給料日からプログラムを開始できるよう、それまでに目的を決めたり、家計簿を用意したり下準備をしていきます。そうしている間に、グングンやる気もわいてくるはずです。

始める前にやっておくことは次の4つ。

①目標、願望をハッキリ具体的に決める

②夢ノートと家計簿を用意する

③貯金用口座と貯金箱を用意する

④気がかりなことを書き出す

初めてこの4つの作業に取り組むときは、家計簿を用意し、口座を開くなど手間がかかったり、自分の気持ちを確認する作業などに戸惑うこともあるかもしれません。

これまで説明してきたように、自分のやりたいことや好きなことなどを見つめていくことで、自分の価値観、軸をしっかり持てるようになります。そしてそれは貯金に関してだけでなく、人生を歩いていくうえでも役に立つことなので、じっくり向き合って取り組んでみてください。

目標を決める

「チャレンジシート」に目標、願いを書き込む

貯金生活を成功させるためにキモとなる目的、目標を決めましょう。難しく考えなくても大丈夫。貯めたお金で何をしたいか、「こうなったらうれしい」と思うこと、何でもOK。でも「5万円貯める」という金額だけではなく、モチベーションになる「両親も連れて1泊2日の紅葉狩りに行く」とか、「新しい自転車を買う」など、目的とペアで考えるのがポイント。「家族で制限なしに焼肉を食べる」といった目標でも構いません。とにかくあなたが心から望む目標を設定しましょう。

そして「絶対目標達成！」という決意を強くするために、「チャレンジシート（↓P50、51）」に書き込んでいきましょう。

書き込むことであなた自身の気持ちをハッキリさせることができますし、見返すことで、熱意が薄れるのを防止します。いつも見える所に貼っておくのもオススメです。

「チャレンジシート（P50, 51）」の書き込み方

① 90日プログラムで達成したい目標を書き込む。

② 期間・スタート日〜ゴール日を記入する。

③ 毎月の家計(P33)を参考に毎月〜3か月の目標額を決める。

④ ③の目標を達成するため何を節約するかを考える。

⑤ 目指す「消・浪・投」の割合を設定。

⑥ 貯金を始めたことを話せる相手、メンターを決める。
一緒に貯金生活を実践する家族でもOK。

⑦ それがあればがんばれる「宝もの」、
「大切なもの」は？

⑧ 月々のプチお楽しみ、
貯金で買いたいもの、夢を書き込む。

改善したいこと

例：甘いものの誘惑に負けない。毎日の晩酌を週3回にする。
掃除をおろそかにしない。

挑戦したいこと

例：エレベーター、エスカレーターを使わず足腰を鍛える。
食事中テレビを消して子どもと話す。

⑥私のメンター

例：同じような給料でやりくりをしている同僚B子

⑦私の宝もの

例：家族の笑顔、好きなアイドルのコンサート

⑧お楽しみ

1か月目

例：ちょっと高級な柔軟剤とボディソープを1か月分買う！

2か月目

例：家族でお寿司を食べに行く！

3か月目

例：家族で日帰りバスツアーに参加！

ほしいもの

例：一眼レフデジカメ、野球のスパイク、オーダーメイドの財布

お金を貯めて
したいこと

例：沖縄に家を買って移住する。英会話学校に通って留学する。

貯金力アップ90日プログラム・チャレンジシート

①貯金力アップ90日プログラムで達成したい目標は？

例：液晶テレビを購入する

②期間　スタート日　／　～　ゴール日　／

例：お給料日4／25～7／24

③目標貯金額　円

→下の空欄に書き込んで目標額を算出してみてください。

毎月の収入ー支出	毎月	円の余りが出る予定
そこから	（ア）	円を貯金する
90日間（3か月）で	（イ）	円貯める［（ア）×3］

④節約ポイント

例：携帯電話のプランの変更でー3,000円。
毎日買うコーヒーを2日に1回にする。

⑤消・浪・投の目標割合　消　％　浪　％　投　％

例：現状、消70％・浪25％・投5％を、消70％・浪5％・投25％にする。

夢ノートと家計簿

夢や目標を応援する「夢ノート」

貯金生活スタートにあたり、かなえたい夢や目標を書き込む「夢ノート」を用意しましょう。市販のB5サイズのノートなど好きなノートで構いません。その最初のほうに、貯金したお金で何がしたいか、夢や目標を書いていきます。P50、51で書き込んだチャレンジシートを貼っておくのもオススメです。

また貯金生活を始めたら、夢ノートに毎日「3行日記」を書き込みます。節約に関することや日常のメモなど何でもOK。これを続けるとあなたの気持ちやお金の使い方の変化などが見えてきます。このメモが貯金生活を振り返るときにとっても役に立つのです。

3行日記だけでなく、夢ノートには、90日間では達成できない人生の目標や夢も書き込んでいきます。あなたのノートなので、「こんな夢、ムリだな」などと遠慮する必要はありません。書き込むことで、手が届かないと思っていた夢が整理され、実現に向かって動き出すことも少なくありません。夢ノートを見直すことで、目標が揺らいだり、貯金への熱意が薄れたりするのを防げます。

お金の流れを知る「家計簿」

貯金生活で、自分が何にいくらお金を使っているのかを把握できれば、お金の使い方を意識できるようになっていきます。お金の流れを知るためには「家計簿」をつけるのが一番。

家計簿は書店などでたくさん売られているので、続けられそうなものを選んでください。ポイントは書き込む項目が少ない、シンプルなものであること。費目を細かく分けることなく、お金の流れをメモしておくだけといった程度のゆるさで始めてみましょう。

効果抜群オリジナルの「夢ノート＋家計簿」

「費目分けなんてムリ～」という人には、消・浪・投の3つの項目のみの「超シンプル　消・浪・投家計簿」を自作するのもオススメ。さらに「夢ノート」をくっつけてしまえば効果もアップします。

用意するのが大変という人は、本書と同じく横山光昭の監修した『貯金生活chokin！家計簿』や『消・浪・投でお金がどんどん貯まる　明るい貯金生活家計簿』（ともにディスカヴァー・トゥエンティワン）を使うのもグッド。

夢ノートと家計簿を用意することで……

夢ノートの効果

→大きな夢を言葉にすることで実現に近づくことができる

→目標を見失うことなくモチベーションを高く保つことができる

→３行日記を読み返すことで自分自身の成長が実感できる

家計簿の効果

→何にどのくらい使われているかを把握することができる

→意識して自分のお金の使い方を考えられるようになる

→黒字の実績ができたら、自信にすることができる

3 貯金用口座と小銭貯金箱を用意

貯まった感がうれしい「貯金用口座」

貯金力アップ90日プログラムをスタートする前に、「貯金」を意識し、ムダを省いて貯めたお金をどんどん入れていく「貯金用口座」を開設しましょう。これはプログラムの効果を実感するためのものなので、既存の口座とは区別するのがベター。こうすることで、通帳を見れば成果がハッキリわかるようになり、自信にもつながります。

一般的に、給料が振り込まれる口座と、各種支払いの引き落としを同じ口座で済ませる人が多いのですが、貯める口座があれば、「何となくお金を下ろして使っちゃった」ということが避けられます。「絶対下ろさないぞ！」という気持ちで、キャッシュカードを作らないという方法もあります。

意外とサクサク貯まる「小銭貯金箱」

「1円を笑う者は1円に泣く」というように小銭であっても大事に扱う習慣は大切です。でもお財布が小銭であふれて、重くて「イヤだな」と思うこともありますね。そんなとき役立つのが「小銭貯金箱」。お財布やポケットの小銭を、気が向いたときにこの小銭貯金箱に入れるだけ。

しかもこれを始めると、小銭を持たなくなるので、自動販売機やコンビニでちょっとしたものを買うといったムダづかいも減るという相乗効果もあり、節約効果も期待できます。

貯金箱を新たに買う必要はありません。インスタントコーヒーの空きビンなどでOK。透明のビンなら小銭が増えるのが見えるのでワクワク感も。

ある程度貯まったら、金額は数えず、そのまま銀行の窓口へ持って行き、「貯金用口座」に貯金しましょう。貯金額はそのとき初めてわかるのでご褒美感覚も味わえます。

気になっていることを書き出す

日々、何となく気になっていることを書き出してみましょう。夢ノートを使ってもOK。悩んでいること、解決したいこと、自分の欠点だと思っていることなどを書き出します。

お金が貯まると悩みが解消される

悩みや不安は一見お金とは関係ないように見えますが、生活とお金の問題は密接につながっています。実際、貯金に成功している多くの人たちは、お金が貯まることで生活の不安が消えていくのを経験しています。

貯金力アップ90日プログラムはお金の使い方だけでなく、生活習慣のムダやたるみを引き締め、ワンランク上の暮らしを楽しむことができるようにするプログラムなのです。

ネガティブな気持ちを掘り起こすのは楽な作業ではありませんが、問題点がハッキリすることもあります。気持ちが整理され、解決策が浮かんだら書き込んでおき、折を見てチャレンジしていきましょう。

気になっていること＆解決策の例

気になっていること		解決策
会社の机の上がぐちゃぐちゃで、見つけるのに時間がかかりムダ	→	15分早く出勤してみる
営業成績が全然あがらず、どうすればいいかわからない	→	上司に相談？
子どものお弁当を作ってあげられなくて申し訳ない	→	忙しいときは仕方ない 週に3回はがんばる
家族で出かけていなくて家でゴロゴロ過ごしがち	→	日曜日に公園に行って遊ぼう

90日プログラム実践中にやること

ムリのないプランニングで貯金体質を目指す

さあ、「貯金力アップ90日プログラム」のスタートです。基本的には、P46、47で紹介したプログラムをこなすことで、あなたは貯金体質に変わっていきます。プログラムを実践しながらお金の使い方をしっかり意識することで、お金に対する考え方が変わり、お金に悩まない人生を手に入れることができるのです。

やることリストの左列はどなたにも必ずやってほしいマストのチャレンジ項目。右列はあなたの生活に合わせて予定を組み、できたものからつぶしていきましょう。

意識的に取り組むことで一歩先へ

プログラムをこなすといっても、流れ作業のようにただレシートを集めて、数字を家計簿につけるだけでは効果はあがりません。大事なことは、毎日数字を振り返り、どんな取り組みがよかったか、どうすればムダを省けるかなど考えることです。

そのためにも、納得してプログラムに取り組んでいただけるよう、キモになるいくつかの項目をここで詳しくご紹介いたします。お金に関する知識の高め方やお金の流れを把握する家計簿のつけ方などを参考にしてください。

1 本を読む

人生の教訓を学べる最強ツール＝読書

もっとも手っ取り早く、充実した学びを得られるのは、本を読むことです。お金に関する本はもちろんのこと、好きなジャンルの本を読むのでも構いません。

本には、執筆者が人生経験の中で培ってきたさまざまな「考え」や「提案」が盛り込まれています。作家がつむいだ言葉から多くの知識を吸収できる読書は、気軽な学び習慣といえます。

仕事の合間や休みの日にゆっくり書店や図書館で背表紙や表紙を眺めてみて、おもしろそうな本を1冊選んでみましょう。「プログラム実践中に3冊読む」など目標を立てて始めるのもオススメです。

お金を引き寄せる「学び」の心

「お金を貯めること」と「学ぶこと」には密接な関係があります。学ぶことで賢くお金を使えるようになるからです。逆に学ぶ意欲がない人は、お金に対してもかかわり方がネガティブになりがち。ほかのことに対しても無関心であることが多く、その姿勢がお金を失わせることになります。少しずつでも意識を前向きにして、学びの機会を増やしていきましょう。

読書でパワーアップマネーリテラシー

お金に関する知識や判断力のことを、「金融リテラシー」や「マネーリテラシー」と呼びます。インターネットや新聞、チラシなど社会にあふれる情報から有益な情報を読みとり、判断する力といえるでしょう。情報はほとんどの場合、言葉を通じて得るものです。何が本当によい情報で、何がそうでないかを判断するのは読み手の読解力次第なのです。だからこそ、普段から多くの文章に触れ、読解力や判断力を高めていきましょう。

お金のプロの話に耳を傾けるのも一案

貯金力アップのプログラムには「借金について学ぶ」といった項目がありますから、その月は「借金」をテーマに読書をする、という設定の仕方もあります。書籍以外に、「保険」や「クレジットカード」の条件や約款をきちんと読み直してみるというのも役に立ちます。

また、生命保険の担当者に、納得いくまで相談して、プランを見直すのも一案です。ここでも必要なのは読解力と判断力。日々の読書の積み重ねでレベルアップを目指しましょう。

2 家計簿をつける

自分のお金の全体像とその流れを知る

家計簿は自分のお金の全体像とその流れを見るものなので、プラマイゼロを目指さなくても大丈夫。どの費目にどれだけ使っているか、傾向がわかればいいので、まずは1か月、使った金額を家計簿に記入し、費目別の支出額を出します。

また目的は現状把握なので、使い過ぎていても自分を責めないこと。大事なのは集計を振り返り、改善策を見つけていくことです。

パソコンよりも手書きがオススメ

支出の内訳はパソコンやスマホでサクサク記録するのも構いません。でもオススメは手書き。

パソコンを立ちあげる手間もなく、開けばすぐ書けて、1週間分全体を見渡しやすいのも特長です。余白もあるので、メモも残しやすく、愛着もわきますね。付録（↓P94）の超シンプル 消・浪・投家計簿をコピーしてとじて使えば、消・浪・投の分類もできます。

新しいモノサシで使い道を確認

消・浪・投のモノサシで使い道が一目瞭然

使ったお金を費目ごとに記入した家計簿にひと手間加えて、P16、17で紹介した「消・浪・投」の新しいモノサシでお金の動きを見るようにしましょう。

たとえば1週間分の家計簿の支出の金額それぞれを、3色の蛍光マーカーペンを使い、消・浪・投の項目ごとに、消費＝黄、浪費＝赤、投資＝青といった感じで、塗り分けてみてください。すべて塗ってみると、「赤が多い!」、「青があまりないな」など消・浪・投の支出配分が一瞬で判断できます。

その作業を4週間分繰り返し、1か月分色分けしたら、色ごとに集計し、支出に対するパーセンテージを出してみましょう（計算式→P17）。支出全体に対するそれぞれの理想配分は消70%、浪5%、投25%でしたね。適切な割合をオーバーしていたらそこが節約ポイント。理想に近づけるよう翌月のチャレンジにつなげましょう。

忙しい人にオススメ「消・浪・投家計簿」

家計簿をつけることが大切だとわかっていても、時間が取れない人、つける自信がない人、費目分けが苦手で挫折経験があるという人などにオススメなのが「超シンプル　消・浪・投家計簿」です（付録P94）。

この家計簿は、費目は気にせず、使ったお金を「消費」「浪費」「投資」に分類して書き込んでいくだけ。簡単な方法なのに、効果は抜群です。

人それぞれの価値観を生かして貯める

消・浪・投のみの分類で月々の集計を行うのは、人それぞれの軸や価値観を最大限に生かすためです。

費目で集計すると「住居費」「交際費」など、費目が前面に出て、消・浪・投が見えにくくなります。実際は、交際費が浪費にあたる人もいれば、投資にあたる人もいます。ですから消・浪・投で集計し、自分軸で決めた「浪費」を削っていくのです。

レシートを振り分け集計するだけでOK

「消・浪・投家計簿」は付録をコピーするか、自作します。縦軸は消・浪・投と「合計」「3行日記」の5つ、横軸は月曜日〜日曜日と集計枠の8つ。記帳に必要なのはレシート（メモ）と、それを整理しておく箱または封筒を3つ。箱（封筒）には消費、浪費、投資と書いておき、レシートを分類して入れます。

たまったレシートは1日〜1週間のうちに整理して家計簿に書き込みましょう。ためると面倒くさくなってしまいます。

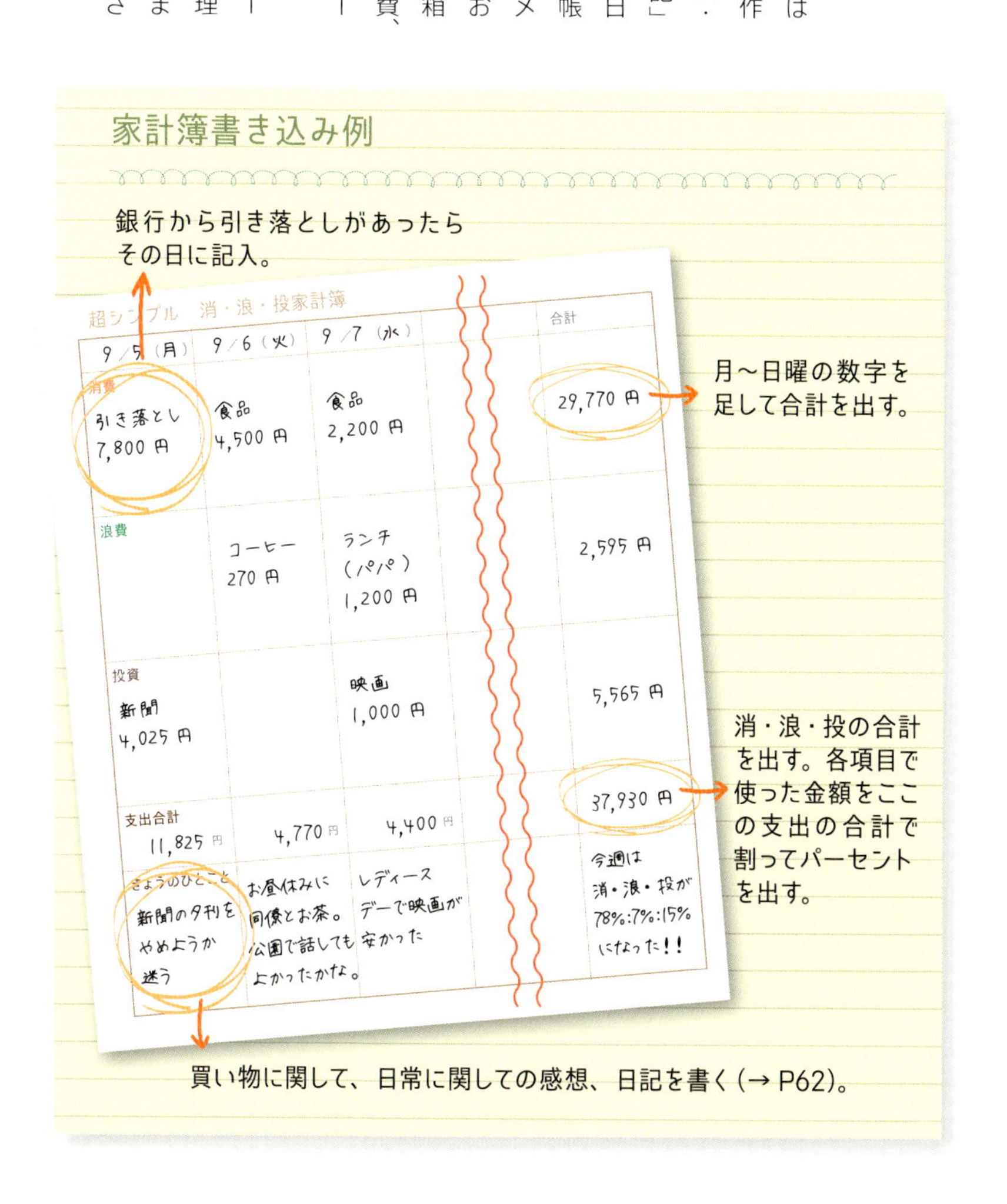

4 夢ノートに3行日記

日記を続けると貯金生活の効果がわかる

プログラムスタートのときに用意した夢ノートに、毎日その日の買い物のことや、思ったことを書き込んでいきましょう。P61でご紹介した「消・浪・投家計簿」なら、「きょうのひとこと」の枠があるので、家計簿をつけながら書き込めるのが便利です。

毎日の心の動きや行動、出来事を言葉にして書くことは、自分と向き合うこと。読み直すことで、生活面で気づきが生まれ、少しずつお金の使い方や生活習慣に変化が出てくるのです。1か月、2か月と続ければ、貯金生活の変化、効果が見えてくるはず。

失敗や迷いの記録は貯金成功へのステップ

たとえば、「安いと思って肉屋で買った豚肉。隣のスーパーでは火曜がお買得デイでもっと安かった」といった失敗などは次の買い物への反省になります。

また消・浪・投の振り分け方で迷ったことも重要です。「おやつに食べたケーキ。浪費かと思ったけれど、仕事がはかどったので投資とした」なども。もともと消・浪・投の振り分け方はあなたのとらえ方次第。自分の軸を中心にして、価値があるもの、ないものと考えていけばよいのです。前述のケーキも、目にとまったから買って食べたなら浪費。でもがんばったご褒美とするなら投資、と考えてもいいわけです。とにかく迷ったり悩んだりしながらも日記を続けることで貯金生活をスムーズに進める自分軸がハッキリでき、お金の使い方もぐんと上達します。

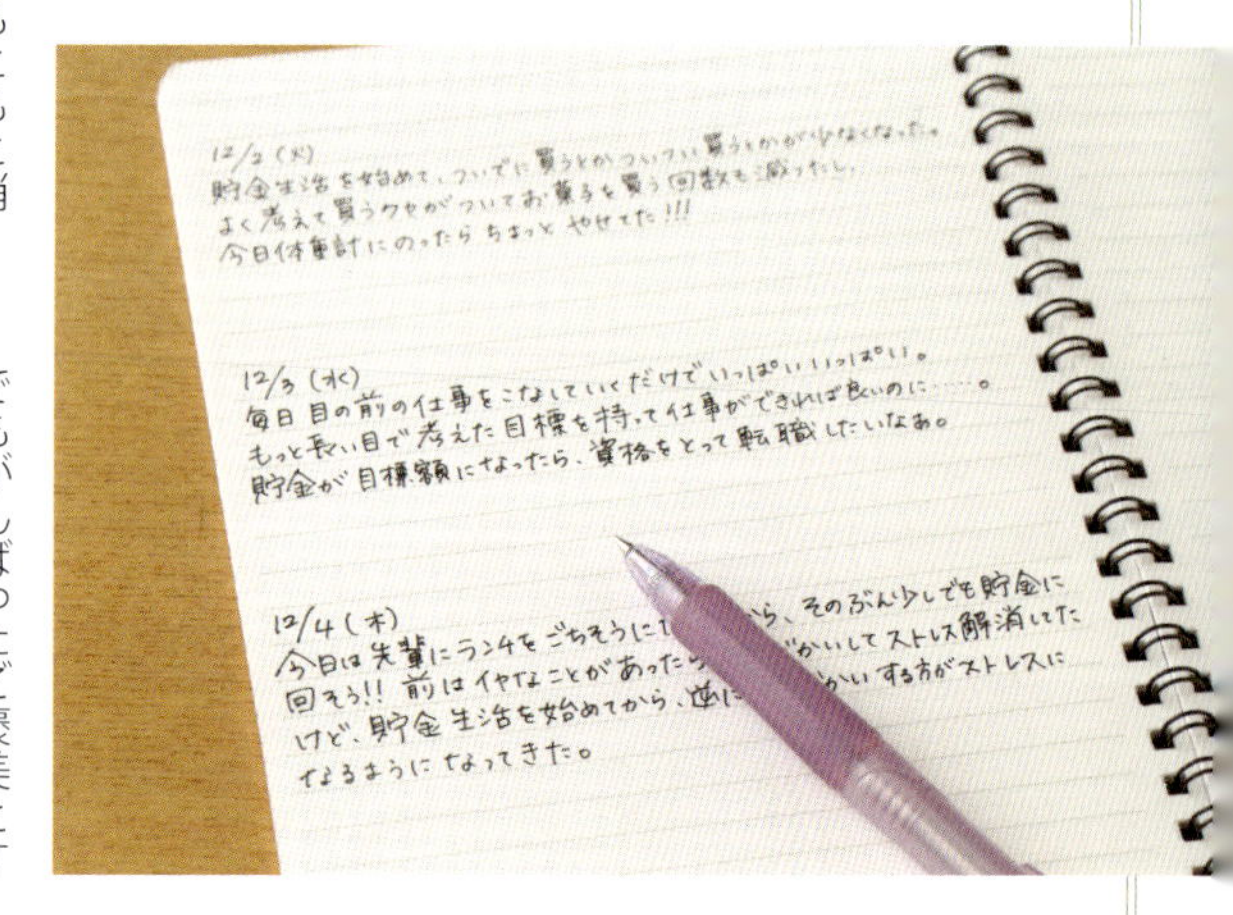

5 クレジットカードを使わない

カードは封印し現金の重みを確認する

90日プログラムの期間中は、クレジットカードでの支払いをやめましょう。買い物は現金払いに徹し、「見えるお金」で生活することで、お金を大事に扱う習慣が身につきます。

クレジットカードは、お財布の現金が減らないのでお金に余裕があるような錯覚に陥りやすく、またサインだけで買えるのでお金の重みを忘れがち。銀行に残高がないときもカードは使えるので、つい買ってしまうこともあるでしょう。

そのため、カードをもたないだけで、衝動買いはかなり抑えられます。買いたいものも、現金がなければ買えませんので必要最低限のものだけを買うようになります。出直すのも構いませんが、その場を離れれば、冷静になることができます。カードに慣れている人は、最初は少し不便を感じるかもしれませんが、その不便さのおかげで考える時間が与えられ、ムダづかいが減っていくのです。

6 借金を洗い出す

自分の返済状況と向き合う

クレジットカードでのキャッシングや、消費者金融を通じての借金がある人は、一度状況を家計簿に書き出しましょう。P38でも触れましたが、信販会社などは、カードを使いやすいように工夫しているので、だんだん借金が重なってしまうこともあります。

そういう事態に陥らないためにも返済状況を把握しておくことが大切です。次の項目を書き出してみてください。

□借入先
□借入残高
□金利（%）
□いつからローンを使っているか
□毎月の返済額と返済日
□最終返済予定日

厳しい現実から抜け出す解決策を考える

借り入れ状況をまとめてみると、「このカードは解約しても平気かも」など策が浮かんでくるはずです。

まずはカードを整理することから始めましょう。

とくに注意したいのはリボ払い。月々の返済が定額なので便利なサービスとして利用されていますが、利息が15％前後と高いうえ、借入金が増えても毎月の返済額は一定なので負担感がなく、気づかぬうちに借金がふくらみがち。2回払いで返せるなら分割払いを利用すれば手数料がかからないカード会社がほとんどです。

借金が多すぎて返すために借金をする、という悪循環になってしまった場合は、早めに手を打つことが必要なので専門家に相談することをオススメします。

7 自分との約束を守る

楽チャレリストで貯金力を強化する

お金の使い方を学んで、お金に困らない生活を手に入れるまでは、なかなか一足飛びというわけにはいかないかもしれません。試行錯誤を繰り返す貯金生活の中で、あなたのモチベーションを支えるのに役立つのが小さな成功体験です。

何かを学ぼうとしているときは、ほかのことにも挑戦しやすい時期です。ですから、「これならできそう」という楽チンなチャレンジ＝「楽チャレリスト」を作ってみてください。

たとえば今日が今月のチャレンジのスタート日なら5～10個考えて、自分への約束とし、夢ノートに書いておきましょう。

ポイントは、ちょっとの努力でクリアできる目標をいくつも作ること。このチャレンジの目的は、「できる！」という手応えを得ることなので、リストの中でも一番できそうなことから取りかかってみましょう。3行日記に記録していくとやる気も増します。

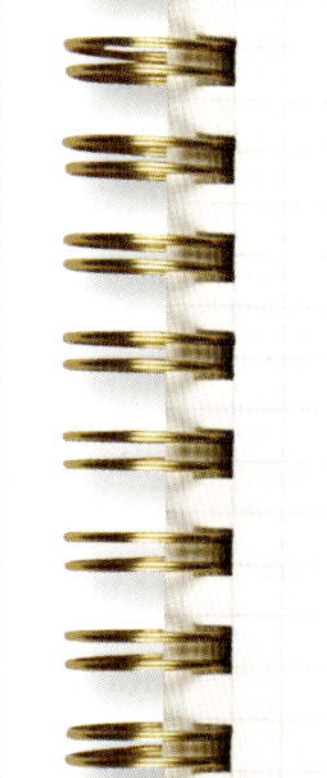

自分との約束「楽チャレリスト」

① ほしいものを買わない
② 玄関、浴室の掃除をする
③ 家では携帯電話をオフにする
④ 週に2回お弁当を作る
⑤ 寝る前に腹筋を10回やる
⑥ 冷蔵庫をキレイにする
⑦ 家の中の不要なものを捨てる
⑧ 身近なお金持ちを観察。考え方にも注目
⑨ 自分の得意なことで人を手伝う
⑩ 今週の晩酌は3回までにする

プログラムが終わった後にやること

結果を振り返って次のチャレンジに生かす

プログラム期間中家計簿や3行日記をつけるのは、何ができて何ができなかったかを振り返るためです。毎月の最後には目標が達成できたか確認し、来月は何をがんばるかを決めて家計簿や夢ノートに書いておきます。

1か月分集計したら「消・浪・投」を出します。これを3か月繰り返し、最後の月に90日間を振り返り、成果を確認します。まずは下の問いの答えを考え、夢ノートに書き込みましょう。

貯金力アップ90日プログラムの振り返り

① この90日はあなたにとって厳しいものでしたか。

② 目標(貯金額や楽チャレリスト)は達成できましたか。

③ 消・浪・投の割合はどうなりましたか。

④ 家計簿・夢ノートは楽しくつけられましたか。

⑤ 気づいたことはありましたか。
（お金のこと、性格、生活面）

⑥ 気になっていたことが1つでも解消しましたか。

⑦ 90日間で一番よかったこと／失敗したことは？

夢ノートと家計簿から自分を知る

3か月の記録から見える今と、これから

振り返りの基本になるのは、あなたの夢や目標、買い物に関しての感想や日常の記録が書き込まれた夢ノート（きょうのひとこと）と、お金の流れ、消・浪・投を記録した家計簿です。

夢ノートの毎日のメモからは、生活の中で感じる不安や喜び、そして未来に向けての希望や意志が読みとれるはず。貯金生活の中で変わっていくお金の使い方や買い物に対する意識などもわかります。

そして家計簿からはあなたの「今」がわかります。生き方とリンクしているお金の使い方には、あなた自身がハッキリ表れます。また、計算して出した消・浪・投の比率や金額を見れば、このままいったらどうなるのか、という「これから」もわかります。

家計簿の数字だけではどうすればよいかわかりにくい人も、理想の消・浪・投比率があるので指針にもなります。実際に例を見ながら考えていきましょう。

6／29（月）	6／30（火）	1か月　合計
	ワンデイコンタクトレンズ左右 5,000円 シャンプー、トイレットペーパー　2,000円	180,000 円
	パパ飲み会 4,000 円	27,000 円
小銭貯金 7,000 円	新聞 1 か月 4,025 円 貯金 10,000 円	37,000 円
7,000円	25,025円	244,000 円
今日は出費ゼロ！小銭貯金が7,000 円もあった。ラッキー！	毎月 5,000 円のコンタクトはやめる。娘に2年使えるコンタクトにしようと相談。	やっぱり飲み過ぎだ。浪費多すぎ。来月は晩酌週3にしてせめて浪費は7%に抑える！

74 %

1か月の総支出に対して理想比率より4%多いですが、ご祝儀をのぞくと比率は70%に。コンタクトレンズも長期使えるものに替える予定ということで、来月はさらに理想に近づきそうです。

11 %

お酒が好きで、買いだめすると飲んでしまうのがわかり、飲む分だけ買うようにしたのはよいですが、できればアルコール代は半分にしたいところ。来月は晩酌は週３回までという目標に。

15 %

浪費分のアルコール代を縮小してもう少し投資にまわしたいところ。

毎月 5,000 円の出費は 1 年間にすると 6 万円。お手入れ用品の値段はかかっても、2 年使えるものを買えば消費はかなり抑えられます。

貯金力アップは振り返りの積み重ね

上の家計簿&きょうのひとことは、共働き夫婦、子ども2人の90日プログラムの2か月目の記録です。6月の1か月の集計をして、消・浪・投の比率を出し、反省しているのがわかります。また理想比率、消70%・浪5%・投25%を目標にして次月の目標を立てています。

消耗品に関しても1つの支出を長いスパンで考え、長く使えるアイテムを選ぶなど工夫を始めました。逆に食料品は買いだめするとムダにしてしまうことがわ

夢ノートと家計簿からわかること

	6/1（月）	6/2（火）	6/3（水）	6/28（日）
消費	肉、野菜 3,000円 長男合宿費用 6,000円	食品 4,500円	米 10kg 3,200円 豚肉 900円 野菜 1,500円	結婚式のご祝儀 30,000円 子どもの下着 1,200円
浪費	つまみ、ビール6本 2,000円	リップ（4,500円）	チューハイ 450円	ビール1本 200円 ワイン 1,200円
投資		打ち合わせ 1,200円（接待）	プロテイン 4,000円（長男の体力アップ）	
支出合計	11,000円	10,200円	10,050円	32,600円
きょうのひとこと	今月は浪費を10%以下にする！今週の晩酌はビール1本ずつ！	先月がんばったご褒美にリップ購入。来月は家族で焼肉行こう	肉野菜は先月腐らせてしまったので使いきれる量を買った！	ご祝儀はイタいがおめでたい！ビールまとめ買いはダメ。飲む分だけ買おう。

ご褒美で節約モチベーションをアップ。「浪費」の金額に（　）を付けたのはカード払いだから。

買いだめの失敗を生かして使い切れる分だけを買うようになりました。

かり、食べきれる量を買うように修正をしています。次の月には、貯金生活の効果がぐんと表れそうなご家庭といえます。

もちろん最初から節約がうまくいかない人も少なくありません。効果のあがり方は人それぞれだからです。でも家計簿をつけることで、「これは消費かな、浪費かな」と考えるようになり、確実に意識が変わり、「お金を大切に使おう。できるだけ投資に使おう」という思いが自然にわいてくるようになります。それが自然にできるようになるためのツールが家計簿＆夢ノートなのです。

結果に合わせて調整する

できるチャレンジから楽しみながら確実に

貯金生活成功のポイントは続けることです。それはダイエットや筋トレ、勉強にも通じることですね。このプログラムは、続けやすさも実証済みです。90日間の区切りごとに振り返って、理想の自分に近づくための「調整」がしやすいため、仕切り直して「またがんばろう」と思えます。

1回目で目標のハードルが高すぎたと感じたら、2回目は少し軽めの目標にして、気持ちにゆとりをもって取り組めるようにしていきましょう。

「1回目のときはお弁当を週3回作ると決めたけれど、忙しくてダメだったので次回は週1回にして、コンビニのデザートを週3回から2回に減らす」、「夫の夜の交際費は減らせないことがわかったので、ゴルフ用品の購入を減らす約束をした」というふうに実現できるレベルに調整します。

プログラムを続けるうちに、確実に貯金体質になっていくので、最初は自分に甘くてもOK。ムリのない範囲で進めていきましょう。

予想外のハプニングはさらっと受け流す

プログラム実践中には、よいこともあれば、よくないことも起こりえます。普段は何もないのに貯金生活を始めたら身内に不幸があったとか、エアコンが故障したといったケースも少なくありません。

予期せぬ変化があると、心がブレやすくなり、プログラムを途中でやめてしまうこともあります。しかし人生に変化やハプニングはつきもの。思いどおりにいかないことが当たり前だと構え、理想の自分像を思い描くようにしましょう。

3 数字で心と行動をコントロールする

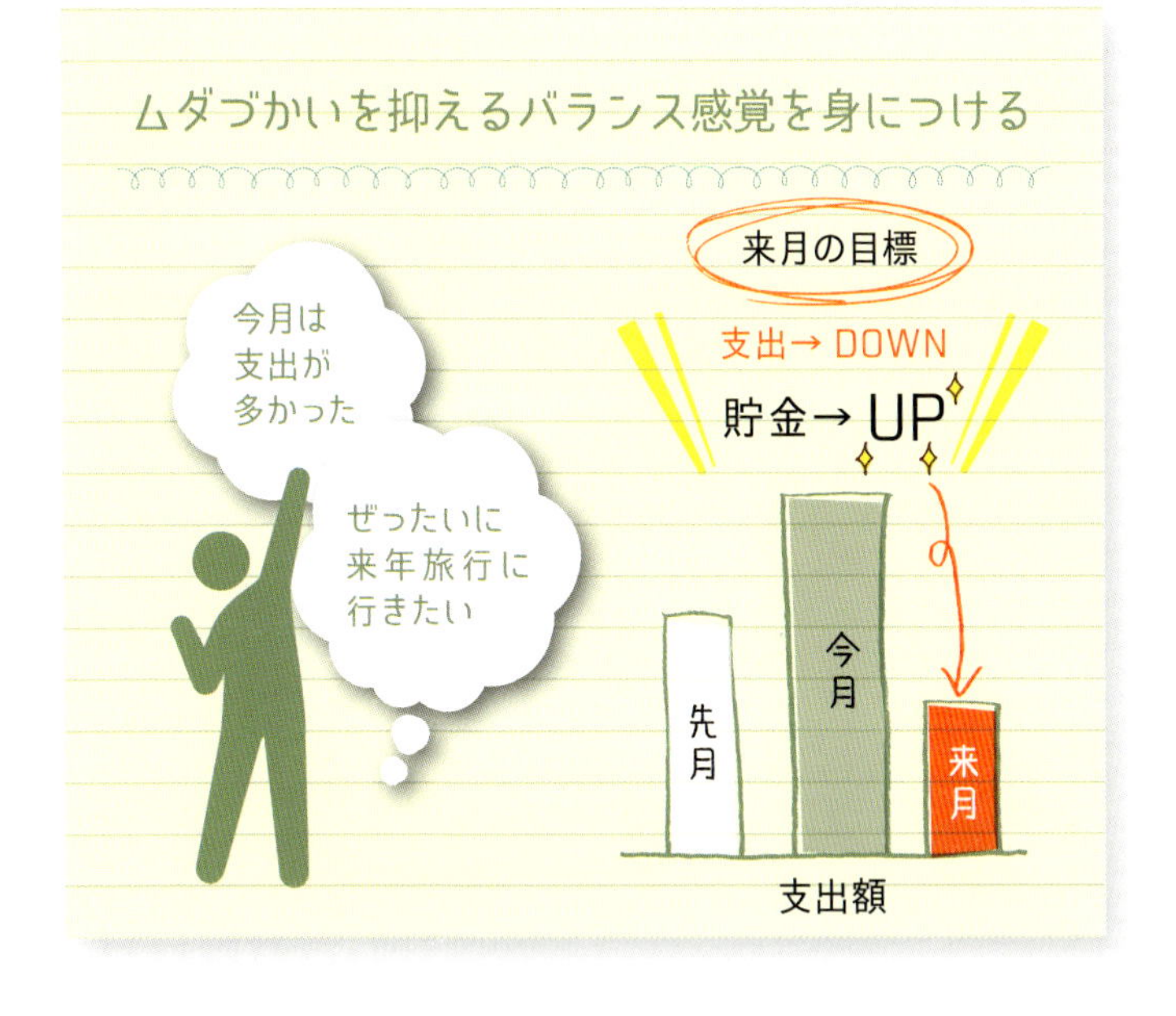

数字を素直に受け止めムダを抑える

家計簿をつけ始めると、「数字で自分を把握できる」ようになります。それに慣れてくると今度は「数字で自分をコントロールする」ことができるようになります。たとえば、今まで無意識にお金を使っていた人が、「今月は交際費が多くなっちゃったな。食費もいつもよりかけすぎてる」などと思い始めるわけです。

これは数字を受け入れ、自分をコントロールしている証拠。数字が頭に入っているので、「今月はもう夜の飲み会は遠慮しよう。肉料理は、安価な鶏の胸肉がメインだな」といった発想もわいてきます。こうした考え方がストレスなくできるバランス感覚が身についてきたら、貯金生活はほぼ成功といえるでしょう。

プログラムスタートにあたって目標を設定したのもそのため。夢があれば、自然と日々のムダづかいを抑えられる、それが数字で心と行動をコントロールするということなのです。

90 days program

5

リバウンドを防ぐ 90日プログラム継続のコツ

家族や親しい人に 貯金生活を宣言する

1人で貯金生活を続けるのはなかなかハード。ぜひ家族や知り合いに宣言することをオススメします。宣言した手前、覚悟も強まりますし、家族の協力が得られて成果がアップすることも。

完ぺき主義にならず マイペースで

決めた目標や約束をきっちり守ろうとすると「やらされている感」が生まれ、疲れてしまいがち。貯金生活は長期戦。だいたいできていればOKというアバウトな感じで進めましょう。

リバウンドを防ぐ4つのコツ

家計簿&夢ノートは 手書きで、手軽に

パソコンを立ちあげるなど余計なアクションがいらない手軽さが続けやすさの理由。ページ全体が見え、自筆なので心の機微が反映され、愛着もわいて思い出の1冊になりますよ（→P59）。

ハプニングは 割り切って受け止める

ある程度の出費に対応できる予算を立てるのが一番ですが、冠婚葬祭やケガ、病気などの出費は「仕方ない」と割り切りましょう。買い物で失敗しても、自分を責めず次に生かしましょう。

90 days program

6

モチベーションがアップするしくみ作り

意志が弱いからこそ強いしくみを作る

この90日プログラムは、1回目のチャレンジで成果をあげる人もいますが、2回目、3回目の挑戦で成果が大きく表れる人が多くなっています。一方、1回で成果をあげた人は後が続かないことがあります。お金についての知識や考え方は、繰り返し時間をかけて身につけたほうが強い土台となり、本当の貯金力につながるためです。

とはいえ、人は本来、意志が弱く、楽なほうへと流れてしまうため、「続けること」は簡単ではありません。だから90日プログラムではモチベーションをアップするしくみとして、月1回遊びの日を入れたり、3か月に1回、ご褒美の日を設定したりしているのです。

節約とぜいたくを味わい心の幅を広げる

3か月たって目標を達成し、貯金ができたら、その一部はぜひご褒美に使ってください。貯金にまわさずに、お金を使う楽しみを味わいましょう。そうすることで人としてのスケールも広がります。節約モードとぜいたくモードの両方を味わってこそ、お金の価値や大切さが実感できます。

続けるためのしくみはどんなものでも構いません。ここでは「ご褒美」としましたが、口座に貯まるお金を見て幸せならそれも1つの方法です。SNSに成果を公開して、友人や家族、そのコメントがモチベーションになる人もいるでしょう。

Step up column

貯金生活ステップアップ・コラム

貯金困難期をどうやって乗り切るか

貯めにくい時期は焦らない

子育て中の家庭にはどうしても貯金をしにくい時期が訪れます。たとえば子どものお受験期や大学の4年間、また共働きだった夫婦が子育てのために片方がフルタイムで働けないといった時期です。こうした時期は教育費がかかる一方で収入が減ることもあり、精神的にはキツく感じますが、焦る必要はありません。お金を貯めにくい時期の後には、必ず貯めやすい時期がまわってくるからです。

貯めやすい時期には夫婦でガッツリ稼ぐ

子どもが幼稚園や小学校に入ると（公立小学校の場合）、家計が楽になったり、子どもにかかる手間が減ったりで妻も働きやすくなります。高校、大学を卒業した子どもは独立するので親は一気に楽になります。

要するに貯め期は独身期、子どもが産まれる前、子どもが幼稚（保育）園～小学校時代、大学卒業後といえます。こういった貯め期には夫婦共働きで収入アップに励みましょう。自治体から支給される児童手当なども将来の教育費として貯めておけば大学入学時の費用の足しにできます。高校、大学進学には奨学金（↓P79）を借りる手もあるので、まずはライフプランを考え、案を練りましょう。

貯金一年生の出ていくお金の減らし方

固定費の減らし方

一度バッサリ切り落としておけば、その分は確実に毎月貯金にまわせる固定費。中でも大きな部分を占める住居費や通信費、教育費などを中心に減らし方を見ていきましょう。

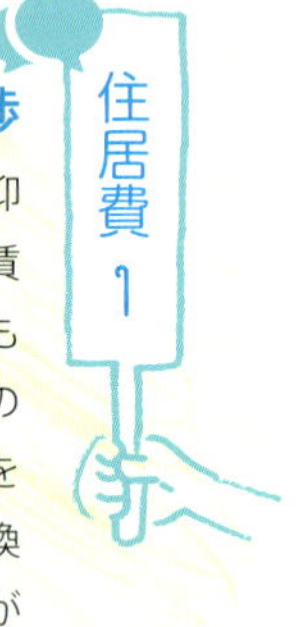

住宅ローンの金利変更交渉

手取り30万円の子育て世代なら住居費は8万円前後に抑えたいところ。賃貸なら郊外に引っ越したり、交渉で家賃の値下げをしてもらったりで1～2万円安くできる可能性もあります。持ち家で住宅ローンがある場合は住宅ローンの金利変更の交渉をするという手もあります。現在ローンを組んでいる金融機関とは別の金融機関で住宅ローン借り換えの見積りを取って、「この金融機関では○%で借り換えができるそうなのですが…」と相談してみましょう。

住居費2

繰り上げ返済をする

住宅ローンの月の返済額を減らすには、返済額軽減型の繰り上げ返済も効果的です。こまめに返済すれば、支払い利息の軽減になります。ただし、ローンの総額を減らすために月々の返済額を多くして、早く返済してしまおうとがんばる人もいますが、そのために貯金できないというのは危険です。失業や病気など緊急事態のとき、行き詰まってしまうためです。まずはお給料半年分ほどの貯金をして、さらに貯められそうなら、繰り上げ返済の目標を設定しましょう。

MVNOでデータ通信費、大幅ダウン

固定費の大きな割合を占める携帯電話代。1台あたり3,000～5,000円ほど安くできるのがMVNOです。MVNOは携帯会社から回線を借りた通信サービスで、多種の格安プランがあるのが特長。自分に合った条件で契約できれば、今よりずっと安く携帯が使えます。通信速度が遅いことなどのデメリットもあるので比較検討して決めましょう。

料金プランの見直しと固定電話の解約

携帯電話やスマホを乗り換えたくない人は、料金プランを見直すだけでも、1,000円前後の節約になることもあります。契約したときの条件のままの場合、見直せばオプションを解約できるはず。また、ファックス機能がある、信頼のためにといって契約している固定電話も、使用頻度によってはそろそろ解約を考えてもよいかもしれません。

通信費
3

プロバイダのキャンペーンも要チェック

インターネットのプロバイダ料金は、乗り換えキャンペーン中なら、キャッシュバックなど特典があることも。プロバイダの多くは2年契約なので、契約更新に合わせて契約し直すのも節約になります。またパソコンがあってもメールやホームページをチェックする程度ならプロバイダを解約し、スマホのテザリング機能を使うという手も。

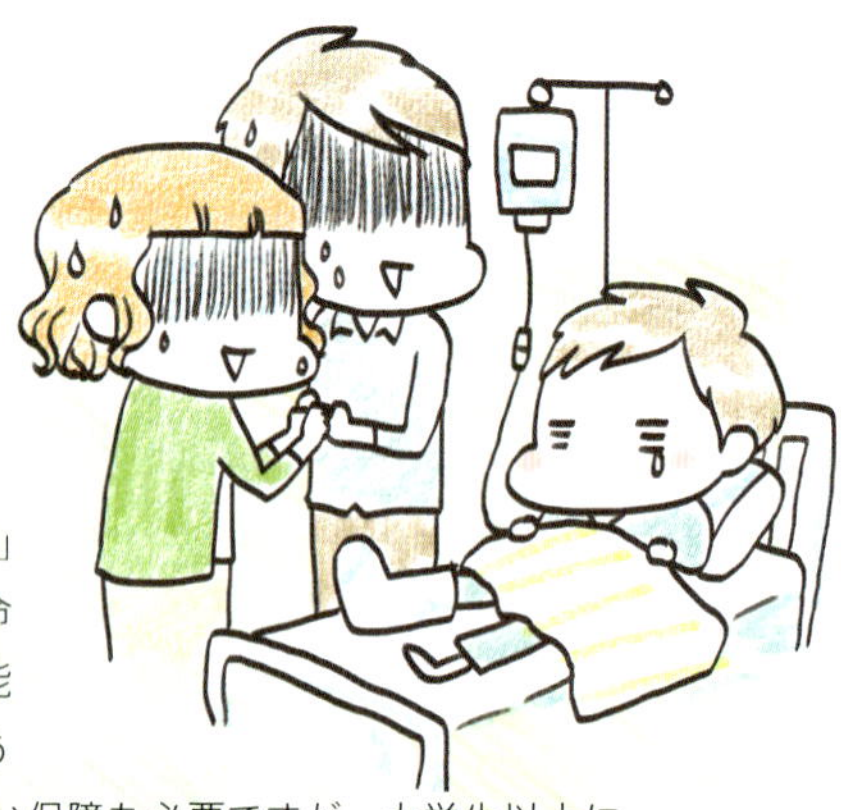

保険料

保険の見直し

「月々の保険料が高い」と感じているなら生命保険のかけすぎの可能性大。子どもが小さいうちは死亡保障など手厚い保障も必要ですが、大学生以上になったらお葬式代をカバーできる程度の掛け捨てでも十分。医療保障も月給半年分ほどの貯金があれば必要なし。なぜなら日本には「高額療養費制度」があるから。この制度は1か月に支払った額が一定金額を超えると超えた金額が支給されるというもので、収入によっても変動しますが、一般的に自己負担は最大でも9万円程度で済むようになっています。

自動車費

必要なければ手放す

自動車はローンに加え、税金、車検代、駐車場代、燃料費、自動車保険など維持費がバカになりません。年間コストから割り出すと平均月々3万円前後かかる計算になります。「車が好き」という人や、地方在住で車がないと生活できないという人は、維持費を安くする工夫が必要です。2台あるなら1台に減らしたり、普通車から軽自動車に替えて燃料費や税金を低く抑えたりすることもできます。たまにしか乗らないという人なら、手放してしまうのが得策です。普段の移動は電車やバス、タクシーで足りるでしょうし、カーシェアリングで必要なときだけ利用するという手も。

教育費 1

奨学金・教育ローンを考慮に入れる

子どもが大学に行く4年間は教育費もピーク。学資保険などで用意していても、かなり厳しくなります。そのような場合は奨学金や教育ローンの利用を考えましょう。奨学金には金利のない(あるいは低い)日本学生支援機構のものや、学内独自のもの、地方自治体、民間のものなど、さまざまなものがあります。それでも足りない分は教育ローンの検討も。

教育費 2

子どもにお金をかけすぎない

一般的に子ども1人当たりの教育費総額は1000万円以上といわれています。ただ国公立と私立の違いがあり、幼稚園から大学まで、すべて国公立の学校なら800万円、私立に行くのではその3倍ほどお金がかかるというデータがあります。塾や習い事をさせず、ずっと国公立なら500万あればまかなえるとも。

教育費 3

習い事はよく考えて

乳幼児のうちから早期教育をさせ、小学校高学年になるまで大多数の子どもたちが習い事に通う昨今ですが、子どもにお金をかけることが子どもの幸せに直結するとは限りません。まわりに流されて習い事をするのではなく、それが子どもの本当にやりたいことなのか考えてみましょう。比較的料金の安い自治体が主催する教室も要チェックです。

変動費の減らし方

変動費とは毎月使う金額が変わる出費のこと。食費や生活日用品費は、大半が「消費」ではありますが、こうした日々の生活での出費をコントロールすることで、大きな削減につながります。

食費1

食費節約の第一歩は自炊

食費を節約するには、自炊が基本です。単身者なら弁当や惣菜類が大幅に値引きされる夜間に買い物をしたりして食費を月2万円以内に抑えている人も少なくありません。子育て世代の家庭でも月々4万円以内で栄養バランスのよい食事をとることができます。また自炊の食材はたいていスーパーで購入します。スーパーの商品はコンビニと比べて20%前後安くなっているので、それだけでも食費20%ダウンになります。

買い物デイを決め、食費専用のお財布を作る

節約しているつもりなのに、特売などで余分に買ってしまったという経験はありませんか。ムダな買い物をしないためには、買い物をする日を何曜日と何曜日、と決めるのがオススメ。メニューを決め、買うものをメモしておけば目移りも防げます。また食費専用のお財布を作り、食費1週間分のお金だけを入れておくのもコツ。たとえば1週間の食費の予算が5,000円なら食費専用のお財布には1回の買い物につき2,500円だけ入れていきます。使えるのは手もとにある分だけなので、優先順位を考えて、より安い店でおトクな食品を買うように。

冷蔵庫の余りもの一掃日を設定

安売りで買いすぎて傷ませてしまった、作りすぎて残ったおかずを「また食べよう」と取っておいたらカビが生えてしまった…というのは自炊をしていると陥りがちな失敗。冷蔵庫や冷凍庫の中にあるものはきちんと把握して、ムダなく使い切るようにしましょう。週に一度くらい、冷蔵庫の中の余りものを使って料理する日を作るのもオススメです。

1食あたりの食費、予算にあっていますか？

食材の値段から、食事が1食あたりいくらになっているか計算してみましょう。1か月の食費の予算から1食いくらを目安にすればよいかを割り出して、実際の1食の額がその額に近くなっているかを確認してみてください。貯金生活上級者になると、1人1食100～200円で栄養バランスのよい食事を作っている人もいます。

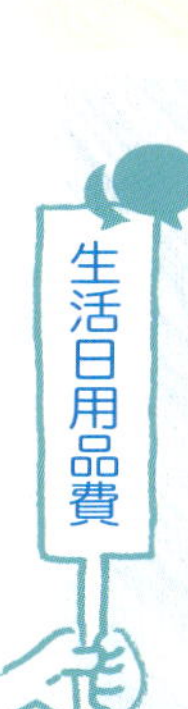

ネットショッピングでムダ買いカット

生活日用品をある程度まとめて購入するならネットスーパーを利用するのもオススメです。ネットなら十分価格や品質を比較でき、安売り商品に目を奪われることもありません。一定金額以上の購入で送料無料になるショップがほとんどなので、お米や飲料などを注文すれば、重たい荷物を運ぶ手間も省けて助かります。

電気の契約アンペアを下げる

電気の契約アンペアを 40A から 30A に下げると、電力会社にもよりますが、基本料金が約 300 円、年間約 3,600 円安くなります。ブレーカーが落ちやすくなりますが、電力消費量が大きいエアコンや電子レンジ、ドライヤーなどを同時に使用しないようにすれば乗り切れます。

電球を明るく、長持ちする LED にする

LED 電球は、白熱球の 40 倍、蛍光灯のおよそ 4 倍寿命が長いので照明器具の交換回数が減ります。また LED の照明は消費電力が少ないので電気代も安くなり、さらに二酸化炭素の排出量も少ないため環境にもグッド。まずはよく使う場所の照明のみ LED 照明に変えてみましょう。

水道光熱費
3

使わない電化製品はこまめに電源をオフ

待機時消費電力が多いのはガス温水機器、エアコン、テレビ。使っていないときは、主電源をオフにするだけでも待機時消費電力を 30%カットできます。また録画予約中のテレビや電話など電源を切ると困るもの以外は、プラグをコンセントから抜くなどでこまめに電源を切れば節電効果大。

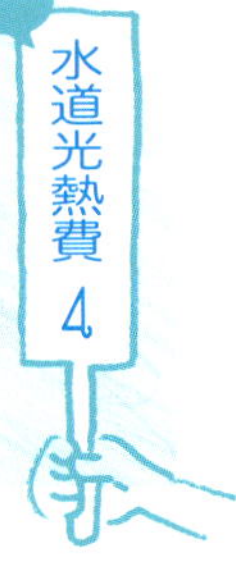

シャワーヘッド交換で水道&ガス代を削減

シャンプーしたりする間もシャワーのお湯を流しっぱなしという人は少なくありませんが、シャワー約 15 分のお湯は浴槽 1 杯分にも相当します。そこでオススメなのが節水効果のあるシャワーヘッドへの交換。シャワーヘッドの性能にもよりますが 30 ～ 50%の節水効果があります。

医療費1

かかりつけ医を見つけて初診料を節約

病気やけがのとき、いつも診てもらう医療機関（かかりつけ医）を持ちましょう。病院で初めて受診するときは初診料を払いますが、これを節約できます。また病床が200床以上の大病院では初診料以外に保険のきかない「特定療養費」が請求されますが、これもかかりつけ医の紹介状があれば払う必要がありません。

医療費2

子どもが体調を崩したら、薬局より病院へ

小さな赤ちゃんや幼児は、熱を出したりお腹を壊したりで薬に頼ることが少なくありません。そんなときは市販薬を買うより、医師の診察を受けましょう。乳幼児から小学六年までは原則的に診療費も薬代もかからない医療費の補助があり（自治体により異なる）、費用の負担がなく医師の診断を受けられ、適切な薬を処方してもらえます。

交通費

自転車や徒歩で移動すれば健康にもGood

普段ならバスや地下鉄を使うところを、1駅か2駅なら自転車を使ったり、歩いたりしてみましょう。交通費を節約でき、健康にも効果的です。頻繁に利用する路線や区間があれば回数券の利用がオススメ。ただし使用期限内に使い切れるか考えて購入しましょう。新幹線や飛行機のチケットは、金券ショップやオークションで割引価格で販売されています。

被服費

ワードローブは一定量にしてシンプルに

服が多すぎるという人は、手持ちの服を把握しきれず、同じような服を買ってしまっているかもしれません。まず手持ちの服をジャンル別に書き出したり、写真に収めたりして整理し、似たような服の重複買いを避けましょう。また何かを買ったら1つ手放したり、タンスに納まるだけの量に制限したり、マイルールを決めるのも一案です。

交際費

外食ではクーポン券などの割引を活用

ストレス発散のための飲み会もたまにはアリですが、誘われるままに参加すると交際費は跳ねあがってしまいます。人脈を広げ、仕事や成長につながるなら「投資」になりますが、気がのらないけれど参加する惰性の飲み会は完全に「浪費」。断る勇気も必要です。店がわかっている飲み会ではクーポンを使って、少しでもおトクに楽しみましょう。

娯楽費

レジャー費は年間で予算を組んでしまう

よく家族でアウトドアやテーマパークへ行くなら年間の娯楽費を考えておくことをオススメします。たとえばキャンプが好きなら夏場にたくさん行って、冬はお金をかけずに近場で遊ぶとか、テーマパークは何回までなら予算内で収まるかという計算もできます。

おこづかい

なるべく減らさず、人生の楽しみは確保

「貯金生活なのだから、おこづかいは削るべき」と思えますが、そのほかの部分を切り詰めている分、自由に使えるおこづかいは家族1人ひとりの楽しみとして大切にしたいもの。おこづかいの理想的な割合は手取り収入の10%。たっぷりとはいえない額でも、家族全員に適切に割りあてましょう。子どもが高校生ぐらいになると多少増やさなければならない時期もありますが、一過性のこと。缶コーヒーを飲む人は家でいれてマイボトルで持って行くとか、お酒やおつまみはネットショップで格安に購入するなどの工夫で乗り切りましょう。

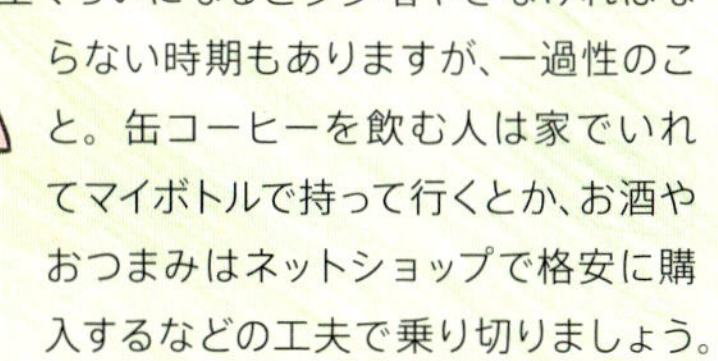

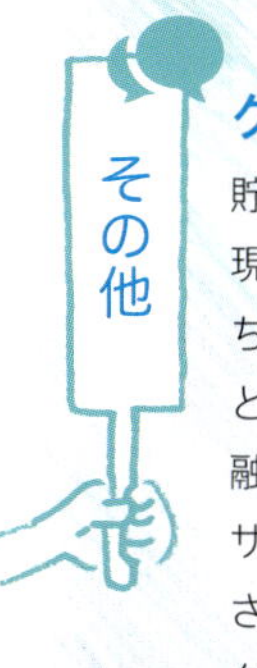

クレジットカードをデビットカードに

貯金生活実践中は、クレジットカードを封印し、手持ちの現金だけで買い物をすることで、ムダづかいを減らす気持ちが育ちます。でも、「手持ちのお金がない！」と気づいたときなど、あると便利なのが「デビットカード」。これは金融機関のキャッシュカードを使って買い物の支払いができるサービスで、使ったお金は、口座の残金から即時引き落とされます。残金がゼロならデビットカードは使えないので、クレジットカードのように使い過ぎることはないのが特長。利用状況がメールで通知されるところもあります。「Visaデビットカード」は、Visaクレジットカードが使える店なら原則的にどこでも使えます。

貯金成功の秘訣

90日プログラムは、実践するだけで効果抜群です。
ここではより満足度の高い貯金生活をエンジョイできる
裏ワザをご紹介します

家族会議で一致団結。子どもも一緒に貯金生活

貯金生活においてオススメなのが月に一度の家族会議。まず一家全体の収入と月々の必要経費を発表します。そして残金をどう使うかみんなで話し合うのです。各自ほしいものを発表して、それが本当に必要か、値段が適切かを考えます。この会議をすると、家族で一体感を持ってお金について考えるようになり、子どもがお金の知識を学ぶのにも役立ちます。

ドル建ておこづかいで金銭感覚を磨く

お金教育のためにぜひ試していただきたいのが、おこづかいをドルであげること。ドルで渡しても日本では使えないので、ドルから円に換金する必要があります。しかし為替レートは日々変わっているので、1ドル100円のときに10ドル替えると、もらえるのは1,000円。130円のときに替えると1,300円となり、換算時期によって300円も違いがでます。10ドルならまだしも、換金額が40ドル、50ドルと大きくなるほど、慎重に時期を考えなければ大きな損になってしまいます。そのため子どもたちはテレビや新聞記事に関心を持って為替の動きを見、有利な時期を見極めて換金するようになります。世界情勢にも目が向くので受験を控えたお子さんにも最適です。

お金を使わない日を決める

外出した先でランチやお茶代など、お金を使うのが当たり前になっていませんか？　まずはその考えをやめてみましょう。たとえば週に1日、お金を使わない日を設定します。お金を使わずにいられますか？　何かしら買いたくなりますか？　必要なければ買い物をしなくても大丈夫？　それがわかると自分とお金との距離感がわかり、お金に振りまわされず自由に行動できるようになります。

お財布を開く回数が１日3回以上なら要注意

1回の買い物の金額が少なくても、コンビニや駅の売店、自動販売機などでちょこちょこ買い物をしている場合、「塵も積もれば山となる」ように、出費が多くなり、ATM から引き出す回数も多くなりがち。まずは「週に1回、月曜日。予算1万円だけ引き出す」など、預金を引き出す頻度とタイミング、予算を決めましょう。またお財布を極力開かないようにし、「ちょこちょこ買い」を防止しましょう。

ネットショッピングは自制心を持って上手に利用

自宅にいながら必要なものを、底値もチェックしながら選べるネットショッピングはとても便利。しかしおトク感いっぱいのうたい文句や広告につられ、ともすると予定以上の買い物をしてしまうことも。ネット利用時は、その買い物が消・浪・投の何に当たるか、送料を含めても実際に店で買うより安いかを考える、「どうしようかな」と迷ったら買わないなど自分でルールを設けて賢く利用しましょう。

ガス抜きデイで、リフレッシュしながら前進

貯金生活では、食費を節約したり、お酒やタバコを控えたりとガマンが必要になります。プログラムは3か月続くので、ストレスがたまらないように1か月に1～2回は好きなことを楽しみ、気持ちをリフレッシュするのが継続のコツです。また3か月間のチャレンジが終わったら奮発して、豪華なご褒美を考えましょう。3か月の貯金生活を達成し、ご褒美を味わう満足感は、次の1クールに挑戦するうえでも大きなモチベーションになります。

自分軸をキープして、「おトク感」の誘惑に打ち勝つ

今や「本日限りの○%オフ」といった広告はいたるところにあります。同じ商品が、より安く買えるなら確かにおトクですが、ストックがありすぎると、大切に使おうという気が薄れ、ものの使い方がぞんざいになり、結局はムダづかいにつながることも。実際、「おトクなセール」は一定の周期で行われていることもありますし、安いものは原材料の質や製造工程に何らかの理由があることもめずらしくありません。この機会に自分にとって本当によいもの、必要なものを選ぶ目を磨いていきましょう。また、おトク感にまどわされるのは、「自分軸(→ P24)」を揺さぶられているということ。買いたい衝動にかられたら「今の私に本当にそれが必要？」と自問し、誘惑に打ち勝ちましょう。

お金を引き出すのは週1回と決める

「お財布に現金がなくなったから2～3万円下ろす」という人は、その習慣を今日から直しましょう。貯金生活に大事なのは計画性。プログラム開始時に立てた貯金目標額を達成するためには、1週間に使えるお金はいくらまででしょうか。それが2万円なら、「1週間に一度月曜日に2万円を下ろす」と決めてしまいましょう。すると、木曜日や金曜日に手持ちが1万円以下になってくると、「引き締めないと」という気持ちになり、食事のメニューや週末のレジャーで工夫しようという気にもなります。日曜日の夜、お財布に残ったお金は小銭貯金箱(→ P54)へ入れ、お財布をリセット。1週間スパンで予算を管理すると、お金を使うリズムが自然と身についてきます。

「他人のモノサシ」は気にしない

「30歳の平均年収は○百万円」「40歳の平均貯金額は○百万円」というデータを見ると、自分の数字と比べたくなります。でもこれは「他人のモノサシ」。大切なのは、自分が始めたときよりどうなったかを見ていくことです。実際、年収が高くてもお金に困っている人は大勢います。お金があるからこそ物欲がふくらみ借金を重ねてしまうケースです。逆に、収入が少なくても身の丈にあった使い方をして少額ずつでも着実にお金を貯める人も。自分軸を持ち、適切にお金を使うすべを身につけることが人生の成功につながるのです。

夫婦のお財布は合体管理で貯金力パワーアップ

共働きの夫婦のお財布は、夫と妻それぞれがお給料の一部を生活費として出し合い、その中でやりくりするケースと、2人が給料を1つの口座にまとめてそこから支出をまかなう「合体管理」があります。貯金生活には合体管理がオススメ。収入をすべて合体させれば資産の額がハッキリし、家族共有のものとして、どう使うか、どう増やすかをみんなが真剣に考えるようになります。家族はチーム。力を合わせて貯金しましょう。

定期的な出費、10年間でいくらになる？

ネットサービスの会員費や保険のオプションなど「月々500円ならいいや」と払い続けていませんか？　額は小さくても10年単位で考えると、500円×120か月＝6万円。新聞は10年間で48万円にも。不要なものは契約をやめて貯金にまわしましょう。逆に高価な買い物のときはそれを利用する回数を考え、1回あたりの利用価値を出してみます。1万円の靴＝60回履いたら1回167円。妥当かの判断は自分次第。

財布に小銭だけ入れてみる

お財布に入れたお札があっという間に消えてしまう人は、大きなお金の扱いに慣れてしまい、ザルの目が粗くなりお金が流れ出てしまっている状態です。そんなときは小銭だけで生活してみましょう。小銭だけで買い物をするのは面倒ですし、支払いのときも恥ずかしい。その感覚が大切です。札のありがたみを実感して、正常な金銭感覚を取り戻しましょう。

買い物に見栄やプライドは持ち込まない

店頭で試食をしたり、試着をしたりした後、店員さんにわるい気がして、その商品を買ってしまったことはありませんか。本当に気に入って買ったなら投資になりますが、「丁寧に説明してくれたから」「何着も試着をして申し訳なくて」「ケチな客だと思われたくない」などと、店員さんに妙な遠慮をしたり、見栄やプライドに負けて買うのは浪費です。店員さんはお客さんに丁寧に接するのが仕事。買わなくても相手を傷つけたり礼を失することにはならないので、必要ないと感じたら、「少し考えますね」と店を後にする強さを持ちましょう。

マイホームや車の購入は本当に必要？

「結婚したらマイホームを持ち、車を買う」。何となく常識のようになっている「〜したら、…する」という考え方は要注意です。「そろそろ〜」と思ったら、その常識が自分にも当てはまるのか、と考えてみてください。マイホームを持つことはメリットばかりではなく、受けられる手当や買うタイミングなどをよく考えて買わないとデメリットが大きくなることもあります。車も、小さい子どもを連れて外出するには便利ですが、ローンの支払いや維持費、保険料など諸経費を考えたら大きな負担になることも。自分にとって、家族にとってそのとき何が一番大切かを考え、自分軸を信じて、限りあるお金を適切に使っていきましょう。

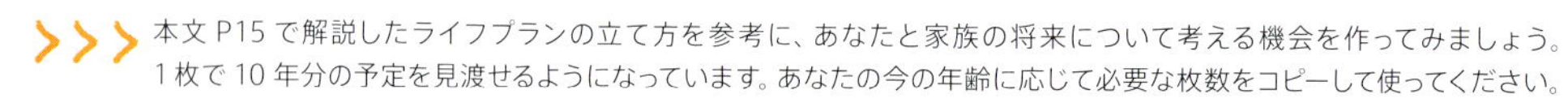

本文 P15 で解説したライフプランの立て方を参考に、あなたと家族の将来について考える機会を作ってみましょう。
1枚で 10 年分の予定を見渡せるようになっています。あなたの今の年齢に応じて必要な枚数をコピーして使ってください。

	年	年	年	年	年	年
	歳	歳	歳	歳	歳	歳
	歳	歳	歳	歳	歳	歳
	歳	歳	歳	歳	歳	歳
	歳	歳	歳	歳	歳	歳
	歳	歳	歳	歳	歳	歳
	歳	歳	歳	歳	歳	歳
	歳	歳	歳	歳	歳	歳
	歳	歳	歳	歳	歳	歳
	歳	歳	歳	歳	歳	歳
	年	年	年	年	年	年
	年	年	年	年	年	年
	万円	万円	万円	万円	万円	万円
	万円	万円	万円	万円	万円	万円
	万円	万円	万円	万円	万円	万円
	万円	万円	万円	万円	万円	万円
	万円	万円	万円	万円	万円	万円

わが家のライフプランを考えてみよう

これから 10 年の予定→

		名　　前	年	年	年	年	
みんなの年齢	夫		歳	歳	歳	歳	
	妻		歳	歳	歳	歳	
	第一子		歳	歳	歳	歳	
	第二子		歳	歳	歳	歳	
	夫の父親		歳	歳	歳	歳	
	夫の母親		歳	歳	歳	歳	
	妻の父親		歳	歳	歳	歳	
	妻の母親		歳	歳	歳	歳	
	ペット		歳	歳	歳	歳	
家の築年数			年	年	年	年	
車の経過年数			年	年	年	年	
ライフイベントと出費予定							
収入	夫の年収		万円	万円	万円	万円	
	妻の年収		万円	万円	万円	万円	
	年間収入の合計		万円	万円	万円	万円	
支出予定額			万円	万円	万円	万円	
貯金予定額			万円	万円	万円	万円	

	／　（　）	／　（　）	／　（　）	今週の消浪投
	円	円	円	今週の支出合計 円

超シンプル　消・浪・投家計簿

／　（　）	／　（　）	／　（　）	／　（　）	
消費				
浪費				
投資				
支出合計 円	円	円	円	
きょうのひとこと				

◆監修者紹介

横山光昭（よこやま・みつあき）

家計再生コンサルタント、ファイナンシャルプランナー、株式会社マイエフピー代表取締役社長。お金の使い方そのものを改善する独自の家計再生プログラムで、これまで8,800人以上の赤字家計を再生。書籍・雑誌への執筆、講演も多数。著書は累計60万部を超える『年収200万円からの貯金生活宣言』（ディスカヴァー・トゥエンティワン）シリーズを代表作とし、著作は累計110万部となる。

◆参考文献

『年収200万円からの貯金生活宣言』横山光昭（ディスカヴァー・トゥエンティワン）／『年収200万円からの貯金生活宣言 正しいお金の使い方編』横山光昭（ディスカヴァー・トゥエンティワン）／『消 浪 投 貯金術』横山光昭（主婦と生活社）／『お金が貯まる人の思考法』横山光昭（講談社）／『手取り20万円台でもガマンしないで100万円貯める！貯金生活』横山光昭（ベストセラーズ）／『「黒字生活」のルール』横山光昭（三笠書房）／『ずっと手取り20万円台でも毎月貯金していける一家の家計の「支出の割合」』横山光昭（ダイヤモンド社）／『手取り月20万円からの 3つのサイフでらくらく貯まる方法』横山光昭（マガジンハウス）／『90日間 貯金生活実践ノート』横山光昭（ディスカヴァー・トゥエンティワン）／『「これ」で、貯めてもらいます』横山光昭（徳間書店）／『お金が貯まるサイフのひみつ』横山光昭、伊豫部紀子（新潮社）

◆イラスト／アベナオミ

◆本文執筆／伊藤京子

◆編　　集／浜田一平（ジングラフィックス）

◆デザイン／髙木　聖（ジングラフィックス）

◆撮　　影／天野憲仁（日本文芸社）

◆写真提供／ PIXTA　Fotolia

◆校　　正／玄冬書林

貯金一年生（ちょきんいちねんせい）

2015年11月10日 第1刷発行

監修者　横山光昭（よこやまみつあき）

発行者　中村　誠

印刷所　図書印刷株式会社

製本所　図書印刷株式会社

発行所　株式会社日本文芸社

〒101-8407　東京都千代田区神田神保町1-7

（編集）03-3294-8920

（営業）03-3294-8931

URL　http://www.nihonbungeisha.co.jp/

Printed in Japan　112151008-112151008 Ⓝ 01
ISBN978-4-537-21328-7
編集担当：上原